# 中学生地理
## 信息技术实用教程

高　青　编著
管明雷　参编

广东高等教育出版社
Guangdong Higher Education Press
·广州·

### 图书在版编目（CIP）数据

中学生地理信息技术实用教程. 高青编著. —广州：广东高等教育出版社，2021.9

ISBN 978－7－5361－7062－9

Ⅰ. ①中… Ⅱ. ①高… Ⅲ. ①中学地理课—高中—教材 Ⅳ. ①G634.551

中国版本图书馆 CIP 数据核字（2021）第 145773 号

审图号：GS（2021）5091 号

中学生地理信息技术实用教程
ZHONGXUESHENG DILI XINXI JISHU SHIYONG JIAOCHENG

| 出版发行 | 广东高等教育出版社 |
|---|---|
| | 地址：广州市天河区林和西横路 |
| | 邮政编码：510500　电话：(020) 87551597　87551077 |
| | http://www.gdgjs.com.cn |
| 印　刷 | 广东鹏腾宇文化创新有限公司 |
| 开　本 | 787 毫米×1 092 毫米　1/16 |
| 印　张 | 10 |
| 字　数 | 240 千 |
| 版　次 | 2021 年 9 月第 1 版 |
| 印　次 | 2021 年 9 月第 1 次印刷 |
| 定　价 | 46.00 元 |

# 序　言

　　随着社会的进步、科技的发展和经济的腾飞，我们正处于一个无与伦比的信息时代，地理信息技术是信息时代发展中不可或缺的一部分。

　　地理信息技术不是地理专业的人的专有技术，事实上我们许多人在日常生活中都会用到地理信息技术，只不过没有意识到而已。在日常出行活动中，我们通过地图 APP 查找出行目的地的地理位置、通过定位和导航系统来规划出行的最佳路线、在全景图中观察目的地周边的地形地貌、在地图底图中通过不同的颜色区分不同地块的土地利用属性等，这些都是地理信息技术的应用。地理信息技术贯穿于在我们生活的方方面面，对整个社会信息化的发展有着至关重要的影响。

　　《中学生地理信息技术实用教程》是面向在校中学生开展的具有示范性和导向性的地理信息技术指导用书。该书的最大特点就是以案例实操为主，将地理信息中枯燥繁杂的知识通过实际操作的方式解读出来，符合地理信息系统学以致用的需求。教材内容提供了准确详尽的操作步骤，确保读者在学习过程中能看懂、会操作的需求。该书的内容涵盖了地理信息技术应用的诸多方面，从全景 VR 地图的制作，到土地利用变化专题地图的制作，再到结合地理空间大数据分析教育资源空间分布现状并制作专题地图，这些案例一步步带领读者由浅入深，领会地理信息的核心要义，了解地理信息技术能够解决的问题和应用方向，帮助读者了解测绘地理信息行业专业背景，培养读者地理信息系统技术的初步应用能力。

　　诚然，本书不是一本面向专业技术人员的地理信息技术教材，不够系统全面，但作者瞄准的读者群是地理信息技术零基础的中学生，试图某种程度上弥补当前中学地理教材中地理信息这一比较薄弱环节，通过案例讲解与实操，激发中学生对地理信息科学与技术的兴趣，使其理解地理学不仅仅有地理知识、地图、地理考察、地理描述……，还有与现代信息技术、计算机科学、空间科学、大数据等密切相关的高新技术与产业。

广州大学地理科学与遥感学院　院长/教授<br>
广东省地理学会　理事长

2021 年 7 月

# 前　言

据统计，当前时代的人们所使用的各类信息中超过80%的信息与地理空间要素有着直接或间接的联系，地理信息技术在人类生活中发挥着不可或缺的作用。在2017年颁布的《普通高中地理课程标准》中强调：要加强培养学生的地理信息技术应用技能。让中学生接触和学习现代地理信息技术手段及应用方向，能够帮助培养学生地理空间想象和综合分析的能力，提升学生的地理空间思维能力。

本书是一本以任务为导向的实验指导工具用书，读者对象主要为中学生群体。书中大部分的任务主要通过PTGui、ArcMap、ENVI三个软件进行演示和讲解。读者将在学习和实践中学会以上软件的基本操作，在解决实际问题的过程中领会地理信息技术的妙处，将地理的理论知识与实际应用融会贯通，并能够进行类似的地理研究和应用。

全书内容可概括为3大部分，每一部分都是一个独立的地理信息技术应用实例教程。第一部分的重点是全景VR地图，该部分主要介绍了全景地图、图像控制点、HTML语言等名词的基本概念以及全景VR地图的制作流程。第二部分的重点是土地利用变化专题地图的制作，在该部分中读者将了解到遥感和卫星的相关知识，并学习如何利用卫星的遥感影像进行土地利用状况分类，以及制作土地利用变化的专题地图。第三部分倾向于地理空间大数据的应用，在该部分中读者将了解地理信息系统（GIS）的基本概念，学习ArcMap的基本操作，掌握地理要素的基本处理方式，并结合人口和学校的空间分布数据分析和制作教育资源空间分布的专题地图。尽管本书是一本以技术操作应用为主的工具书，但是仍包含了许多与地理信息有关的理论知识。读者在学习的过程中应该多加思考，领会每一步操作背后的深层含义和囊括的知识。同时举一反三，尝试用不同的数据和方式进行相应的探索和研究，扩展自己的知识面，提升学习的深度。最后，我要感谢对本书出版过程中做出贡献的编辑团队和相关工作人员，感谢大家在本书出版过程中的大力帮助。同时，由于编者水平有限，错误和不妥之处在所难免，敬请各位读者批评指正！

高　青<br>
2021年7月

# 目　录

## 第一章　飞速发展的地理信息技术 … 1
### 第一节　地理信息与地理信息技术 … 1
　　一、地理信息 … 1
　　二、地理信息技术 … 2
### 第二节　无处不在的遥感技术 … 3
　　一、什么是遥感技术 … 4
　　二、遥感的基本工作原理 … 4
　　三、遥感技术系统的组成 … 5
　　四、遥感的应用 … 7
### 第三节　地理信息系统 … 8
　　一、地理信息系统的概念 … 9
　　二、GIS 的基本组成 … 11
　　三、GIS 的基本功能 … 13
### 第四节　虚拟现实技术 … 15
　　一、VR 的组成 … 16
　　二、VR 的特点 … 16
　　三、VR 的应用与发展 … 17

## 第二章　1999—2019 年深圳市土地利用分析 … 19
### 第一节　认识遥感与 ENVI … 20
　　一、遥感简介 … 20
　　二、ENVI 软件简介 … 23
　　三、ENVI 软件基本操作 … 26
### 第二节　深圳市土地利用专题地图的制作 … 34
　　一、图像的载入与裁剪 … 34
　　二、图像分类 … 37
　　三、分类后处理 … 44
　　四、统计数据 … 46

五、专题地图的制作 ································· 48
第三节　土地利用现状分析 ································· 55
　　一、土地利用现状分析的作用和内容 ················· 55
　　二、土地利用现状分析准备 ························· 56
　　三、土地利用时空演变分析 ························· 58
　　四、土地利用变化的驱动因素分析 ··················· 59
　　五、总结 ········································· 60

# 第三章　粤港澳大湾区教育资源空间分布研究 ··············· 62
## 第一节　了解 ArcGIS ··································· 62
　　一、ArcMap 界面介绍 ······························· 62
　　二、数据加载的几种方式介绍 ······················· 63
## 第二节　ArcGIS 基本操作 ······························· 65
　　一、数据添加 ····································· 65
　　二、数据导出 ····································· 68
　　三、要素转换 ····································· 69
　　四、属性编辑 ····································· 72
　　五、地图文档保存与打开 ··························· 76
## 第三节　教育资源空间分布研究 ··························· 77
　　一、数据的预处理 ································· 77
　　二、粤港澳大湾区学生数量分布 ····················· 91
　　三、粤港澳大湾区每万人拥有的中小学学校数量分布 ··· 102
　　四、粤港澳大湾区每万人承载的在校中小学生数量分布 ·· 104
## 第四节　总结 ········································· 106
　　一、中小学教育资源相对规模的空间分布研究 ········· 106
　　二、定性定量描述中小学教育资源分布的不均衡性 ····· 108

# 第四章　多角度实景视野环游中山公园 ····················· 110
## 第一节　全景地图制作 ································· 110
　　一、PTGui 软件简介 ······························· 110
　　二、全景地图制作流程 ····························· 111
## 第二节　全景地图优化 ································· 120
　　一、控制点概述 ··································· 120
　　二、蒙版简介 ····································· 120
　　三、全景地图优化流程 ····························· 121
## 第三节　漫游图制作 ··································· 128
　　一、Krpano 软件简介 ······························ 128
　　二、案例赏析 ····································· 129
　　三、制作漫游图 ··································· 130

第四节　多 VR 场景融合 …………………………………………………… 131
　一、XML 和 HTML 介绍 ………………………………………………… 131
　二、多 VR 场景融合 ……………………………………………………… 132
第五节　VR 场景优化 ………………………………………………………… 136
　一、添加背景音乐 ………………………………………………………… 136
　二、参数调整 ……………………………………………………………… 137
第六节　数字正射影像制作 …………………………………………………… 138
　一、数字正射影像概述 …………………………………………………… 138
　二、PhotoScan 软件简介 ………………………………………………… 139
　三、DOM 制作 …………………………………………………………… 139
　四、DOM 可视化 ………………………………………………………… 147
第七节　GoogleEarth 拓展 …………………………………………………… 148
　一、GoogleEarth 的鼠标操作 …………………………………………… 148
　二、GoogleEarth 加载图片 ……………………………………………… 149

# 第一章
# 飞速发展的地理信息技术

## 第一节 地理信息与地理信息技术

地理信息技术正在改变着人们的生活。给汽车装上卫星导航系统，配合电子地图，组成车载电子导航系统（见图1-1），可以使人们出行更加便捷。通过显示屏缩放地图并设定目标，可迅速获取行车路径、实际距离以及按当前时速所需的行驶时间等信息，并能根据实际情况的变化，迅速确定新的行车路线。

图1-1 车载电子导航系统示意图

### 一、地理信息

我们认识地理环境，研究地理问题，必须获取相应的地理信息。地理信息是对地理事物或现象的性质、空间分布和变化的描述，通常用数字、文字、图像和图形等形式表示。地理信息由三个密切联系的部分组成。

（1）空间信息：表示地理事物或现象的空间位置及其相互关系，一般可以用坐标系统来描述，最常用的是经纬坐标等（见图1-2）。地理空间位置也可以表示为某一地理事物与其他地理事物之间的相对位置关系（见图1-3）。例如著名的四川乐山大佛景区位于岷江、大渡河、青衣江三江汇流处。

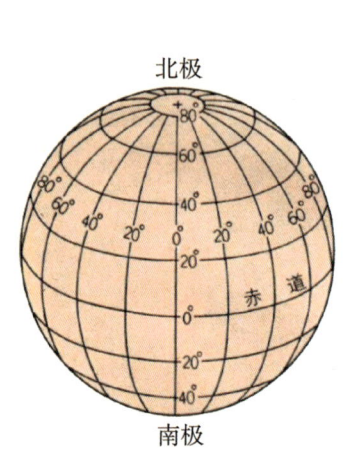

图1-2　用经纬坐标表示地理空间位置　　　　图1-3　用相对位置表示地理事物的空间位置

（2）属性信息：表示地理事物或现象的名称、类型和数量等特征信息。例如，一个城市的属性信息有面积、人口、国内生产总值（GDP）等。属性信息通常用数字、符号、文本等形式表示。

（3）时间信息：反映地理事物或现象随时间变化的情况或地理信息的采集时间。地理事物或现象的时间变化短至几分钟、几个小时、几天，长达数百年、数万年乃至上亿年。

地理信息一般通过考察、调查和观测等方法来获取，也可从书刊、地图、图表等资料中获取。近年来，地理信息技术的发展为人们获取地理信息提供了全新的技术手段，为人类认识和预测地理现象的发生、发展规律提供了技术支持，并将大大提高人类对地理环境的认知水平。

## 二、地理信息技术

面对数字时代的挑战，许多国家发展和应用以遥感（Remote Sensing，RS）、全球卫星导航系统（Global Navigation Satellite System，GNSS）和地理信息系统（Geographic Information System，GIS）为代表的地理信息技术，以数字形式获取地理数据并处理和应用这些地理数据监测环境变化，增强人类对重大自然灾害的快速反应能力，为区域可持续发展服务。

在地理信息技术中，遥感用于获取地理目标信息，发现地球表面上的各种变化；全球卫星导航系统用于提供目标高精度的定位和导航信息；地理信息系统对多种来源的时空信息进行综合处理、管理和分析。因此，地理信息技术为人类解决与地理分布有关的问题提供了崭新的技术方法。利用地理信息技术可获取大量数据，并制成相关纸质图，其过程如图1-4所示。

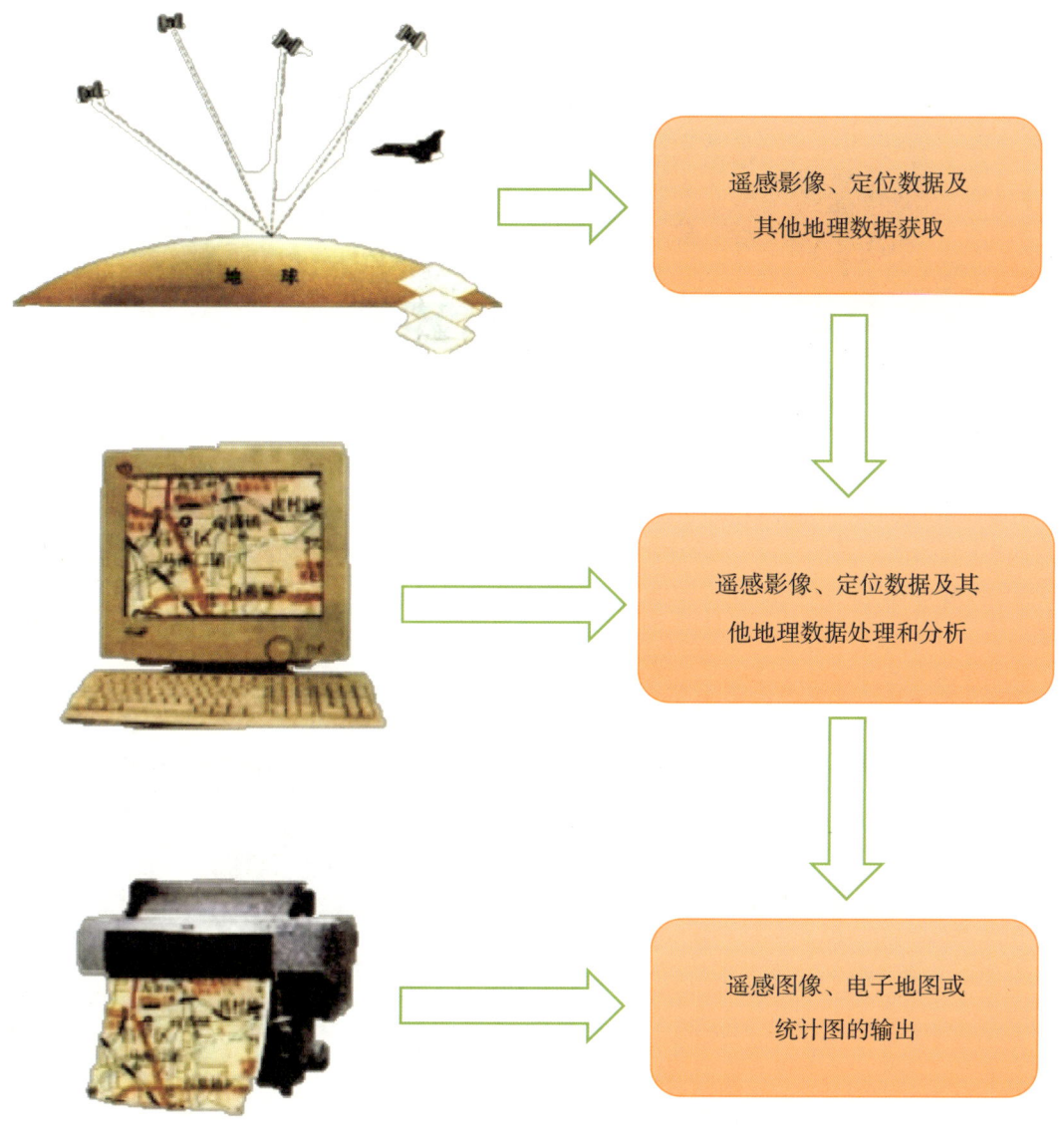

图1-4 电子制图的过程

## 第二节 无处不在的遥感技术

1992年12月10日，参加我国第14次南极考察的"雪龙号"科学考察船〔见图

1-5（a）]，进入强西风带时，一度陷入危险境地。所幸其船载气象卫星接收系统接收到了当时的卫星云图［见图1-5（b）］，图上清晰的显示出3个气旋的位置和运动方向，据此卫星云图信息，经过分析，"雪龙号"寻找到了安全的航线。

（a） （b）

图1-5　"雪龙号"考察船及其接收到的卫星云图

注：图中白色箭头指示气旋移动的方向，绿点指示"雪龙号"当时所在位置，红色箭头和黄色箭头代表"雪龙号"可能选择的行驶方向。

问题：判断"'雪龙号'选择哪个方向行驶更安全"，本案例对你认识遥感技术的作用有什么启示？

## 一、什么是遥感技术

遥感是在远离探测目标处，使用一定的空间运载工具和电子、光学仪器，接收并记录目标的电磁波特性，通过对电磁波特性进行传输、加工、分析和识别处理，揭示出物体的特征性质及其变化的综合性探测技术。

它是20世纪60年代在航空摄影和判读的基础上随航天技术和电子计算机技术的发展而逐渐形成的综合性感测技术。图1-6为卫星遥感。

图1-6　遥感技术

## 二、遥感的基本工作原理

各种物体都有不停地吸收、反射和发射电磁波，有些物体还具有透射电磁波的能力。物体的性质和物质结构不同，它们吸收、反射、发射和透射电磁波的能力也不同。遥感通过探测地表反射和发射电磁波的信息，并对信息进行处理分析，实现对地表及其性质的识别。

## 知识窗

**地物反射光谱曲线**

地物的反射率是指地物反射的电磁波占入射电磁波的比率。它随入射电磁波波长变化的规律,称为地物反射光谱(也称反射光谱)。图1-7中,横坐标表示入射电磁波的波长,纵坐标表示地物反射率的大小,图中的曲线称为地物反射光谱(反射波谱)曲线。

图中四种地物反射光谱曲线,呈现出完全不同的形态,表明这四种地物具有明显不同的反射波谱特征,因此,可以在遥感影像上将它们区分出来。

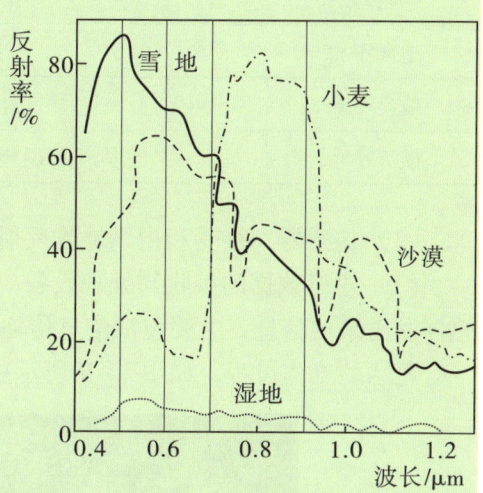

图1-7 不同地物的反射光谱曲线

**遥感中常用的电磁波波段**

遥感利用的电磁波波段,主要有可见光、反射红外(近红外)波段、热红外波段和微波波段(见图1-8)。

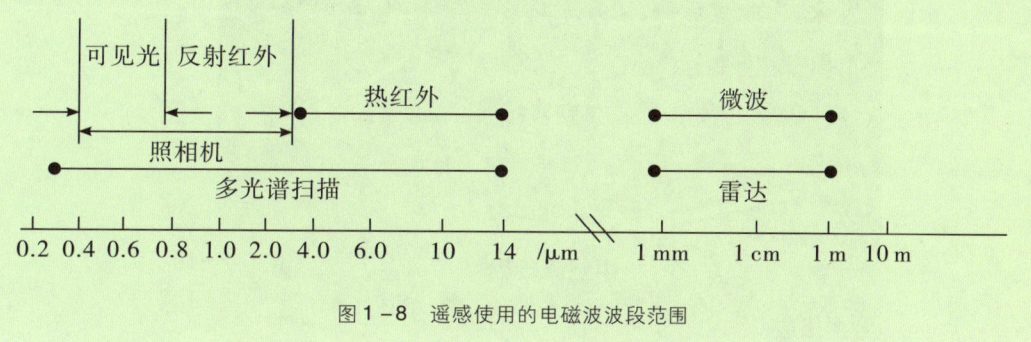

图1-8 遥感使用的电磁波波段范围

可见光波段:波长范围0.4~0.76 μm,是遥感中最常用的波段。

反射红外波段:波段范围0.76~3.0 μm,是较常用的波段。

热红外波段:波长范围3~14 μm。在常温下,地表物体所发射的热辐射,绝大部分都在此波段。热红外遥感具有全天时工作的特点。

微波波段:波长范围1 mm~1 m。微波能够穿透云雾,微波遥感具有全天时、全天候工作的能力。雷达在工作时使用的正是微波波段。

## 三、遥感技术系统的组成

遥感技术系统由遥感平台、传感器和遥感数据的接收与处理设备组成。

(1)遥感平台。遥感平台是装载传感器的设备。根据高度的不同,遥感平台可以分为地面平台、航空平台和航天平台。具体见表1-1。

表1-1 遥感平台分类

| 名称 | 常用遥感平台 |
| --- | --- |
| 地面平台 | 三角支架、遥感车（船）、建筑物顶等 |
| 航空平台 | 大气层内的飞行器，例如飞机、飞艇、探空气球 |
| 航天平台 | 大气层以外的飞行器，例如人造地球卫星、航天飞机等 |

（2）传感器：接受和记录地物反射或发射电磁波的仪器，例如照相机、扫描仪等。

（3）遥感数据的接收与处理设备。遥感数据的接收和处理设备用于接收和处理从传感器发送来的信息，主要包括信息传输设备、图像处理设备和成图设备等。

遥感的工作过程，如图1-9所示。

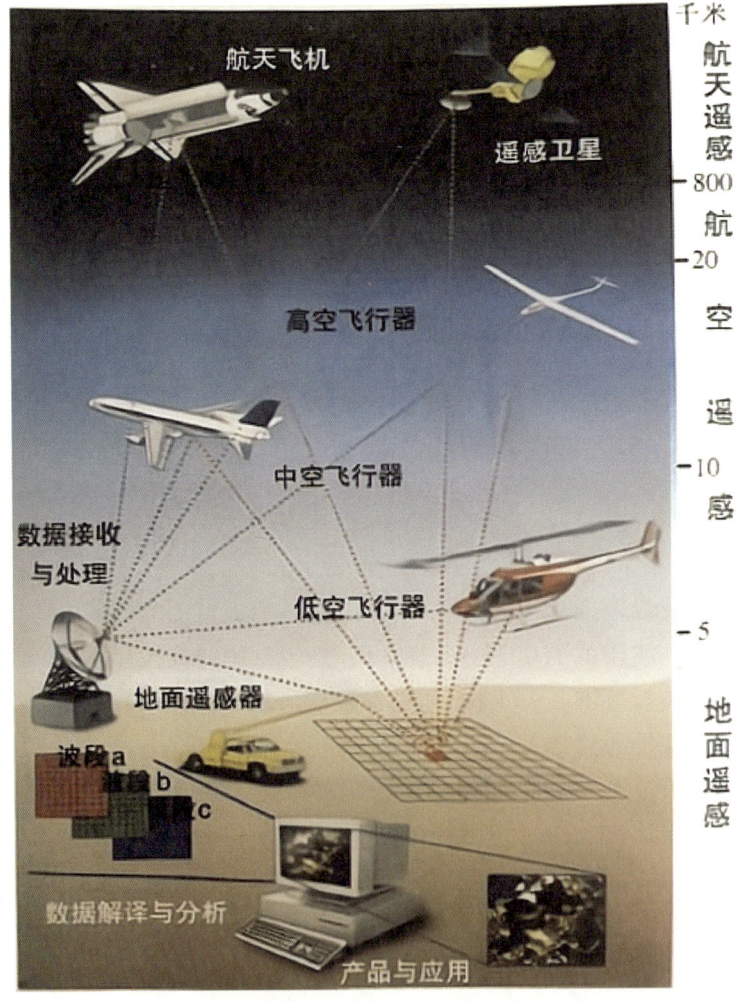

图1-9 遥感工作过程示意

## 四、遥感的应用

1. **测绘制图**

目前，大比例尺地图大多是利用航空摄影测量方法编制的，中小比例尺地图可用卫星遥感影像编制。

2. **自然资源调查**

遥感用于土地资源调查，土地利用调查，土壤干旱、盐化、沙化调查及监测，农作物长势监测与估产，森林、草场资源清查，水资源调查和地质矿产调查等。

3. **环境与灾害监测评价**

遥感可用于对大气污染、水污染、土地污染等进行监测，对旱情、洪水、滑坡、泥石流、地震、森林火灾与病虫害等进行监测和灾情评价。

**案例一　遥感在长江洪涝灾害监测和评价中的应用**

1999年7月初，长江中下游地区遭受洪涝灾害。中国科学院遥感应用研究所根据7月5日11时接收到的长江沿岸芜湖—南京段卫星雷达影像（图1-10）卫星每天两次对该地区的洪涝灾情进行监测，经处理分析，及时得到了该地区洪涝淹没区的分布情况，并发出了洪涝灾害遥感监测评价通报。安徽省洪涝淹没区共计352平方千米，主要分布在长江沿岸、南漪湖和石臼湖周边；江苏省洪涝淹没区共计100平方千米，主要分布在浦口区、石臼湖和固城湖周边。该评价通报为该地区的抗洪抢险工作提供了重要指导。

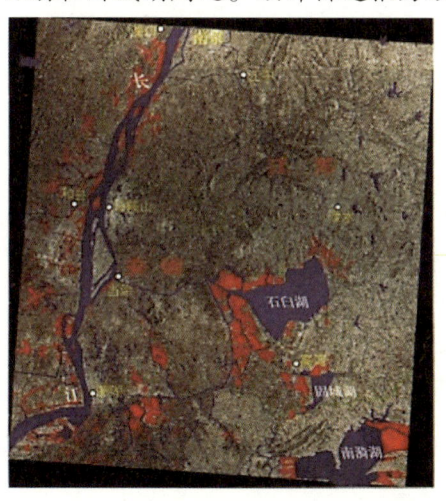

图中蓝色警戒水域和红色淹没区域是分析遥感影像得到的洪涝信息

图1-10　长江芜湖—南京段沿岸洪涝淹没分布区

**案例二　遥感影像监控土地利用**

土地管理部门通过对比不同时段遥感影像的变化情况，在经过专业人员的实地核查，便可最终确定土地利用变化的类型、位置、范围和面积等。从而实现对土地利用的监控，及早发现土地利用的变更（见图1-11）。

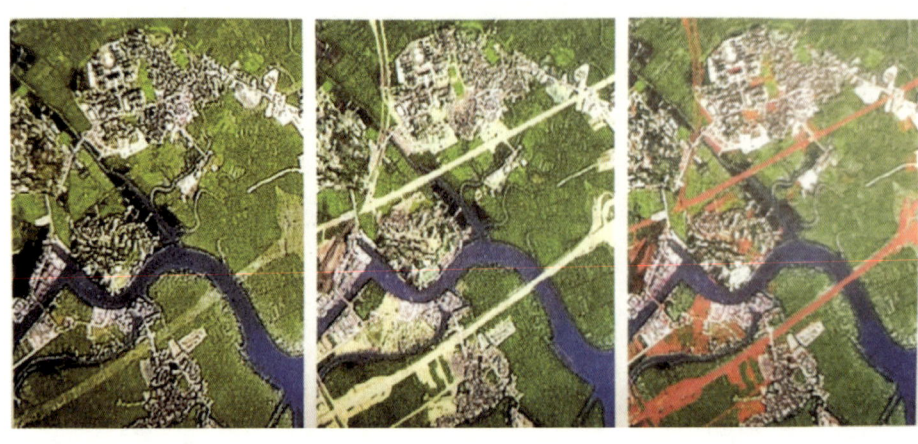

　　　1995 年　　　　　　　1996 年　　　　　1995—1996 年土地利用的变化
　　　　　　　　　　　　　　　　　　　　　　（红色部分表示变化区域）

图 1-11　根据遥感影像提取土地利用的变化信息

## 第三节　地理信息系统

　　在日常生活中，我们可使用百度、高德等地图软件进行目标地物的寻找，规划出行的交通路线；可以利用搜索功能查找各地的美食等，这些东西都可以说是地理信息系统应用的一部分，我们的生活可以说无时无刻不在接触地理信息系统，那么到底什么是地理信息系统呢？

图 1-12　地图服务平台

如图 1-12 所示，在一个地图服务平台的地理信息系统中，你不仅可以在网上查询到自己感兴趣的地方，而且可以看见该地方附近的餐饮、交通、娱乐、住宿、购物、生活等相关信息，还可以通过切换卫星图查看该地区的地形、地貌（见图 1-13）。

图 1-13 卫星图

## 一、地理信息系统的概念

地理信息系统（GIS）是在计算机软件和硬件的支持下，对地理信息进行采集、管理、分析和表达的空间信息管理系统。想要更加深刻地了解其基本概念，我们需要对地理、信息、系统这三个词语进行有效的剖析（见图 1-14）。

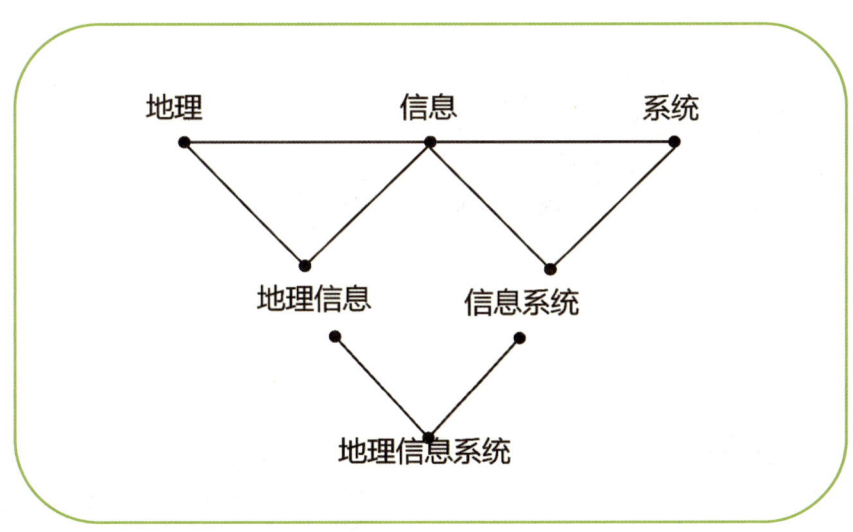

图 1-14 地理、信息、系统三词与地理信息系统

### （一）信息与信息系统

信息是用文字、数字、符号、语言、图像等介质来表示事件、事物、现象等的内容、

数量或特征，从而向人们（或系统）提供关于现实世界新的事实和知识，作为生产、建设、经营、管理、分析和决策的依据。信息具有客观性、适用性、可传输性和共享性等特征（见图1–15）。

信息系统能对数据和信息进行采集、存储、加工和再现，并能回答用户一系列问题的系统称为信息系统。更简单地讲，信息系统是基于数据库的问题的回答系统。

图1–15 信息化

### （二）地理与地理信息

地理（Geography），是世界或某一地区的自然环境（山川、气候等）及社会要素的统称。一般来讲，地理所涉及的范围包括人类生活的各种环境，也就是自然环境与人文环境。

地理信息是与地理环境要素（见图1–16）有关的物质的数量、质量、性质、分布特征、联系和规律的数字、文字、图像和图形等的总称。

图1–16 地理环境要素

## 二、GIS 的基本组成

GIS 运行环境包括计算机硬件系统、软件系统、方法、空间数据和管理与应用人员（见图 1-17）。其核心部分是计算机软、硬件系统，空间数据反映了 GIS 的地理内容，而管理人员、用户则决定系统的工作方式和信息表示方式。

●硬件　基本的硬件包括计算机主机及扫描仪、绘图仪、磁盘和光碟等存储设备、网络设备、打印机等输出设备。

图 1-17　地理信息的组成

### 知识窗

#### GIS 的硬件组成

在 GIS 的硬件组成中（见图 1-18），计算机主机进行数据的存储和操作，数字化或扫描仪将地图或遥感影像转化为数字格式存入计算机，绘图仪或其他显示设备用以表达数据处理结果，磁盘和光碟用来存储数据与程序，网络设备用于与其他系统进行通信和信息共享。

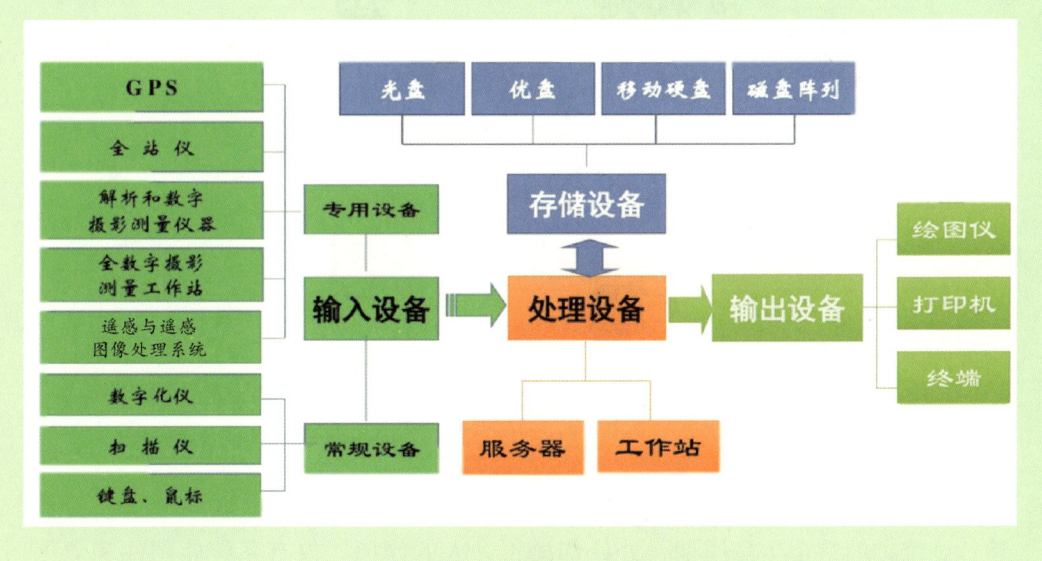

图 1-18　GIS 硬件组成示意

●软件　软件是实现GIS功能的各种计算机程序，是GIS的灵魂，它具有数据采集和处理、数据库管理、查询和显示、空间分析、应用模型及地图绘制等功能（见表1-2）。

常用的GIS软件有：ArcGIS、ArcView、MapInfo，以及我国自行研制的MapGIS、GeoStar、SuperMap等。

表1-2　GIS软件的基本功能

| 主要功能 | 作用 |
| --- | --- |
| 数据输入 | 通过实测、影像扫描、数字化等方式采集、录入地理数据 |
| 数据编辑 | 对地理数据的属性数据和空间信息等进行加工处理 |
| 数据存储 | 对地理数据以某种格式存储在磁盘、光盘等介质上 |
| 数据查询 | 从数据文件、数据库中，查找和检索所需要的地理数据 |
| 数据分析 | 对地理数据进行统计分析和空间分析 |
| 数据输出 | 将GIS分析或查询检索的结果提供给用户 |
| 数据更新 | 用新的地理数据替换原有的数据 |

●数据　GIS所用到的数据主要是地理空间数据，在格式上包括数字、文字、表格、地图、图像和图形等（见图1-19）。它包括三种类型：某个已知坐标系的位置；实体间的空间相关性；与几何位置无关的属性。

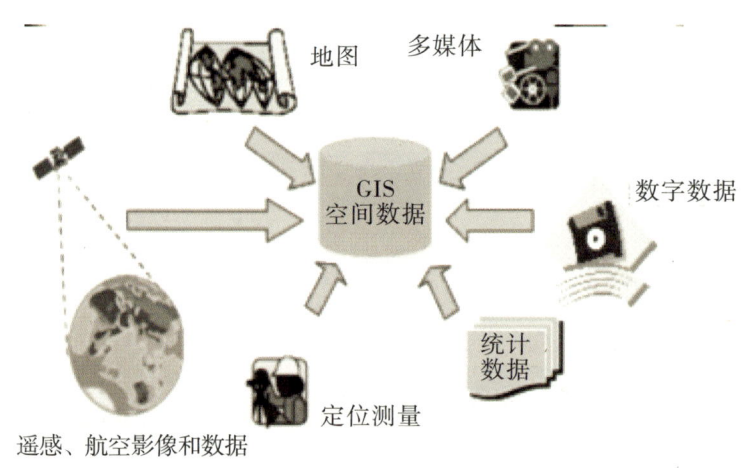

图1-19　GIS的数据种类

●人员　人是GIS中的重要构成因素（见图1-20）。地理信息系统从其设计、建立、运行到维护的整个生命周期，处处都离不开人的作用。仅有系统软硬件和数据还构不成完整的地理信息系统，需要人进行系统组织、管理、维护和数据更新、系统扩充完善、应用程序开发，并灵活采用地理分析模型提取多种信息，才能为研究和决策服务。

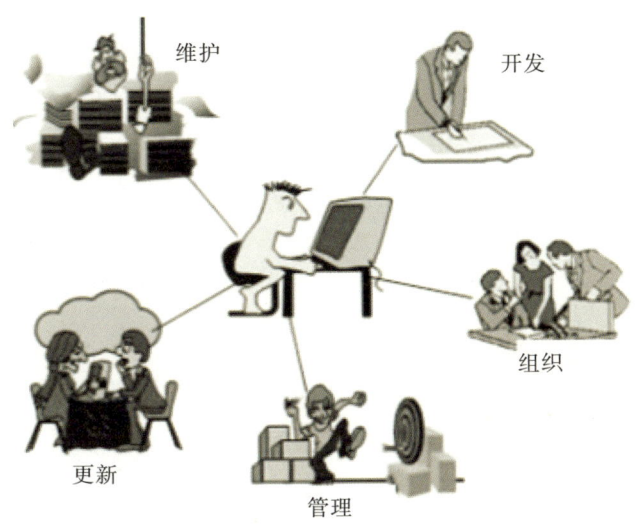

图1-20 GIS的人员部分

●方法 成功的GIS系统具有良好的设计规划和处理事物的流程，称为GIS的规范和方法。对不同的应用系统来说，其具体操作过程往往是有差别的。

### 三、GIS的基本功能

**数据输入与编辑**

数据输入与编辑是GIS的基本功能之一。

数据的输入是用数字化工作站、扫描仪等数据输入设备，将各类地图、野外观测记录、遥感影像、统计资料等转化为数字形式，输入计算机。它的目标是为GIS的建立和应用提供数据。其中数字化工作站是将地图内容转化为矢量数据形式，扫描仪将地图转换为栅格数据。

数据的编辑是将输入计算机的数据编辑处理为规定的数据格式，以便于计算机的存储。它分为三部分：一是图形编辑，改正在数据输入过程中产生的各种错误；二是图形的变换，将获取不同类型的地理数据进行标准化处理，包括不同比例尺，不同坐标系和不同的投影类型数据的转换与统一；三是编辑属性，检验空间数据和属性数据的对应关系。

**数据存储与管理**

将地理数据编辑处理后，需要将其存储起来。GIS提供了存储和管理地理数据的基本功能，地理数据的存储和管理方式有多种。目前，多采用数据库存储和管理方式。用数据库的方式实现GIS数据存储和管理功能包括数据库的定义、数据库的建立和数据库的维护等（见图 1-21）。这些功能主要通过数据库管理系统来实现。其中每项功能对应特定的程序。数据库管理系统实际上是由这些程序组成的一个整体。

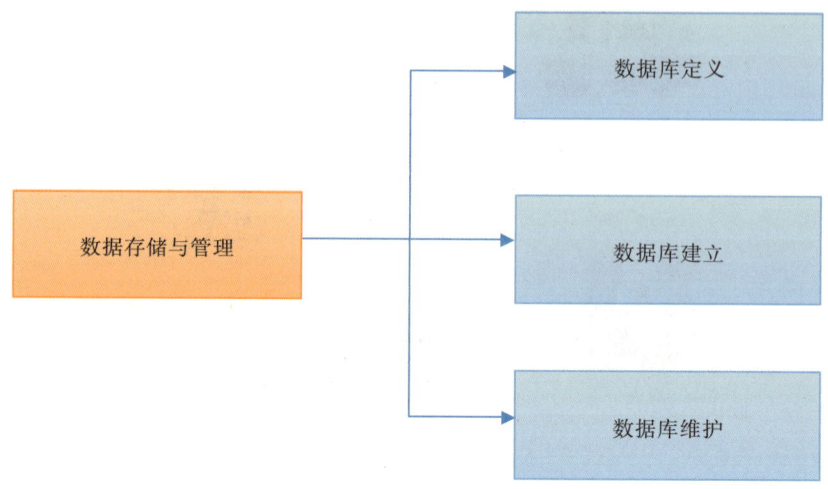

图 1-21　GIS 数据存储与管理功能

空间的查询与分析

空间的查询与分析是 GIS 的重要功能。空间查询是通过查找 GIS 数据库来回答 GIS 用户所提供的地理问题，空间分析是通过对地理数据计算来获得新的地理信息。常用的 GIS 空间分析和查询功能如图 1-22 所示。

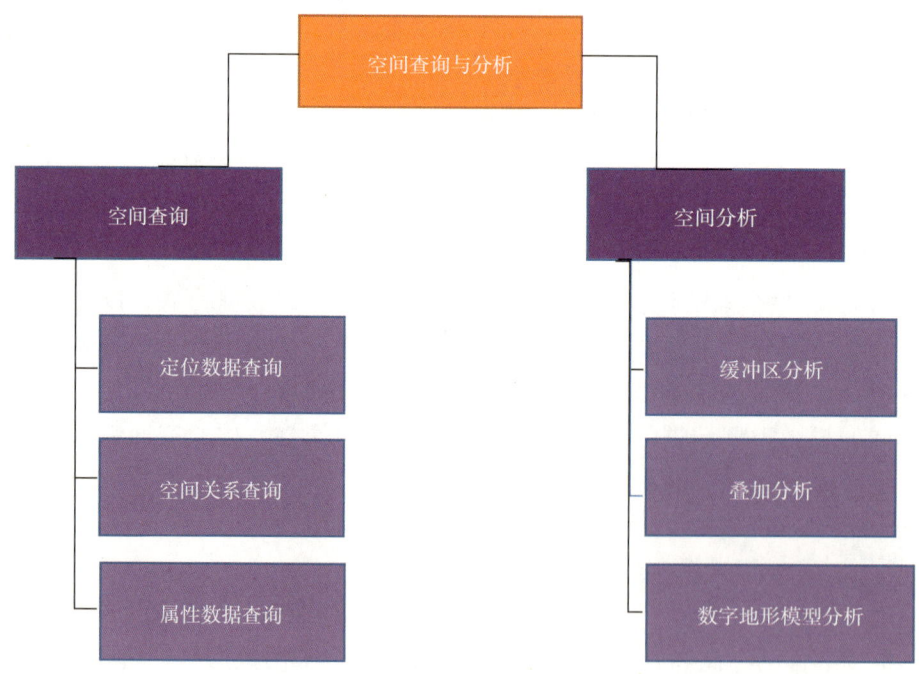

图 1-22　常用的 GIS 空间分析和查询功能

制图与产品输出

制图与产品输出是指将 GIS 的空间查询或空间分析的结果，在绘图仪、打印机等输出设备上输出。GIS 产品的主要表现形式有各类地图、影像图、统计图表以及其他形式的数字产品，其中专题地图是 GIS 产品的主要形式，也是最具有特色的产品。图 1-23 为 GIS 输出的部分产品。

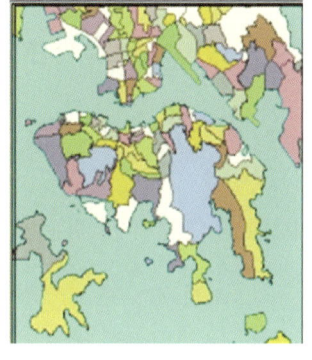

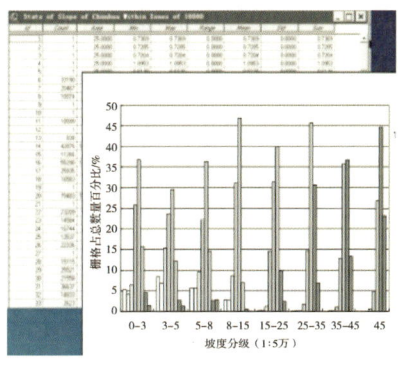

图 1-23　GIS 产品的输出

## 第四节　虚拟现实技术

虚拟现实技术（Virtual Reality，VR）又称灵境技术。是指通过数字头盔、数据手套、数字外衣，以及三维立体显示器、三维鼠标、立体声耳机等使人能完全沉浸计算机生成创造的一种特殊三维图形环境，并且人可以操作三维图形环境，实现特殊的目的（见图 1-24）。

虚拟现实技术是计算机硬件、软件、传感、人工智能、心理学及地理科学发展的结晶。它是通过计算机生成一个逼真的环境世界，人可以与此虚拟的现实环境进行交互的技术。

从本质上讲，虚拟现实技术是一种崭新的人机交互界面，是物理现实的仿真。它的出现彻底改变了用户和系统的交互方式，创造了一种完全的、令人信服的幻想式环境，人们不但可以进入计算机所产生的虚拟世界，而且可以通过视觉、听觉、触觉，甚至嗅觉和味觉多维地与该世界沟通。这是一种具有巨大意义和潜力的技术，正在迅速的发展之中。

图 1-24　使用 VR 技术

## 一、VR 的组成

### （一）硬件

VR 的硬件并不定型，主要有以下几种。

（1）图像生成器：它的作用是快速进行图形运算。

（2）操作和控制设备：主要包括实现位置跟踪和控制的鼠标器、跟踪球和游戏杆；数据手套，其手指部分装有传感器；数据紧身衣等。

（3）位置跟踪装置：主要包括机械盔甲（快速提供准确的跟踪）；超声波传感器；光学位置跟踪器；惯性跟踪器。

（4）立体视见装置：采用偏光眼镜或屏幕分割或立体镜产生图像的左右视差等手段来产生立体。

（5）头盔：产生立体图像和二维地图。

### （二）软件系统

VR 软件系统共分为两类：一类是工具包，即程序库往往需要程序员根据需要自行编程；另一种是创作工具，不需要复杂的编程，有较多层次的商品软件。

（1）免费 VR：这些是 VR 系列的入门级产品，代表产品为 Rend386、Maltiverse。一般可从国际互联网上免费下载。

（2）低价 VR 程序：代表产品为 Dimension International 的 Virtual Reality Stud10（VRS）。

（3）中档 VR 软件包：它们一般可称为优秀的专业软件包，而且仅要求计算机作为基本硬件，这类代表产品有 Vitus 的 Virtus Walkthrough, Quick Time Vr 以及 Sense 8 的 World Tollkit For Windows。

（4）高价 VR 软件：是高档的精彩的 VR 产品，需要多种硬件支持。代表产品有 Straylight 公司的 MotoVB、Dimension，International 的 Superscape VRTB 等。

## 二、VR 的特点

VR 的主要特征可以概括为：3I 即交互性（Interactivity）、沉浸感（Immersion）、构想性（Imagination）。

#### 1. 交互性

交互性指的是参与者对虚拟环境内物体的可操作程度和与环境内得到的反馈的自然程度（包括实时性）、虚拟场景中对象依据物理学定律运动的程度等，它是人机和谐的关键性因素。这种交互的产生，主要借助于各种专用的三维交互设备（如头盔显示器、数据手套等），它们使人类能够像在真实的环境一样与虚拟环境的对象发生交互关系。

## 2. 沉浸感

沉浸感是指使用者作为主角存在于模拟环境中的真实程度。VR 技术最主要的技术特征就是使用户具备一种在计算机虚拟环境中的沉浸感，即让用户觉得自己是计算机系统所创建虚拟环境中的一部分，使人由观察者变为参与者，能全心投入计算机实践并沉浸其中。

## 3. 构想性

过去，人只能从定量计算为主的结果中得到启发而加深对事物的认识。现在，借助 VR 技术，人有可能从定性和定量综合集成的虚拟环境中得到感性和理性的认识，进而使人能深化概念，产生新意和构想，主动追求，探索信息，而不是被动的接收信息，这就更加依赖和体现了虚拟现实的创意和构想性。

## 三、VR 的应用与发展

### （一）VR 的发展

（1）第一阶段（1963 年以前）有声形动态的模拟是蕴含虚拟现实思想的阶段。1929 年，Edward Link 设计出用于训练飞行员的模拟器；1956 年，Morton Heilig 开发出多通道仿真体验系统 Sensorama。

（2）第二阶段（1963—1972 年）为虚拟现实的萌芽阶段。1965 年，Ivan Sutherland 发表论文 "UltimateDisplay"（终极的显示）；1968 年，Ivan Sutherland 研制成功了带跟踪器的头盔式立体显示器（HMD）；1972 年，NolanBushell 开发出第一个交互式电子游戏 Pong。

（3）第三阶段（1973—1989 年）为虚拟现实概念的产生和理论初步形成阶段。1977 年，Dan Sandin 等研制出数据手套 SayreGlove；1984 年，NASA AMES 研究中心开发出用于火星探测的虚拟环境视觉显示器；1984 年，VPL 公司的 JaronLanier 首次提出 "虚拟现实" 的概念；1987 年，JimHumphries 设计了双目全方位监视器（BOOM）的最早原型。

（4）第四阶段（1990 年至今）为虚拟现实理论进一步的完善和应用阶段。1990 年，提出 VR 技术包括三维图形生成技术、多传感器交互技术和高分辨率显示技术；VPL 公司开发出第一套传感手套 "DataGloves"，21 世纪以来，VR 技术高速发展，软件开发系统不断完善，较有代表性的如 MultiGen Vega、Open Scene Graph、Virtools 等。

### （二）VR 的应用

#### 1. 在影视娱乐中的应用

近年来，由于虚拟现实技术在影视业的广泛应用，以虚拟现实技术为主而建立的第一现场 9DVR 体验馆得以实现虚拟现实。第一现场 9DVR 体验馆自建成以来，在影视娱乐市场中的影响力非常大，此体验馆可以让观影者体会到置身于真实场景之中的感觉，让体验者沉浸在影片所创造的虚拟环境之中。同时，随着虚拟现实技术的不断创新，此技术在游戏领域也得到了快速发展。虚拟现实技术是利用电脑产生的三维虚拟空间，而三维游戏刚好是建立在此技术之上的，三维游戏几乎包含了虚拟现实的全部技术，使得游戏在保持实时性和交互性的同时，也大幅提升了游戏的真实感。

### 2. 在教育中的应用

如今，虚拟现实技术已经成为促进教育发展的一种新型教育手段。传统的教育只是一味地给学生灌输知识，而现在利用虚拟现实技术可以帮助学生打造生动、逼真的学习环境，使学生通过真实感受来增强记忆，相比于被动性灌输，利用虚拟现实技术来进行自主学习更容易让学生接受，这种方式更容易激发学生的学习兴趣。此外，各大院校利用虚拟现实技术还建立了与学科相关的虚拟实验室来帮助学生更好的学习。

### 3. 在设计领域的应用

虚拟现实技术在设计领域小有成就，例如室内设计，人们可以利用虚拟现实技术把室内结构、房屋外形通过虚拟技术表现出来，使之变成可以看得见的物体和环境。同时，在设计初期，设计师可以将自己的想法通过虚拟现实技术模拟出来，可以在虚拟环境中预先看到室内的实际效果，这样既节省了时间，又降低了成本。

### 4. 虚拟现实在医学方面的应用

医学专家们利用计算机，在虚拟空间中模拟出人体组织和器官，让学生在其中进行模拟操作，并且能让学生感受到手术刀切入人体肌肉组织、触碰到骨头的感觉，使学生能够更快地掌握手术要领。而且，主刀医生们在手术前，也可以建立一个病人身体的虚拟模型，在虚拟空间中先进行一次手术预演，这样能够大大提高手术的成功率，让更多的病人得以痊愈。

### 5. 虚拟现实在军事方面的应用

由于虚拟现实的立体感和真实感，在军事方面，人们将地图上的山川地貌、海洋湖泊等数据通过计算机进行编写，利用虚拟现实技术，能将原本平面的地图变成一幅三维立体的地形图，再通过全息技术将其投影出来，这更有助于进行军事演习等训练，提高我国的综合国力。

# 第二章

# 1999—2019 年深圳市土地利用分析

土地利用是全球环境变化研究的重要基础，随着中国城镇化发展的推进，城市土地利用对城市自身及其所在区域的生态环境造成了重大影响，并以此衍生了多种"城市病"。土地利用的科学化、规范化的管理与研究成为现实需要，这对于其他沿海经济发达城市的土地利用变化、城市规划和可持续发展具有重要的指导、借鉴意义。

深圳市作为中国第一个经济特区、改革开放的先锋城市，展现了惊人的发展速度和城市经济价值，在短短 30 多年的时间内，南山区作为深圳市的主要开发地区，城市用地高速扩张，城市经济水平不断上升，南山区的绿地和裸地面积急剧下降。因此，对南山区已利用土地和稀少的未开发土地进行规划和分析，有利于我们认清南山区的发展现状以及未开发绿地、裸地的潜在经济价值，为南山区将来的整体规划提供数据支撑，对提高土地利用率、加速经济发展有着较为重要的研究价值。

（一）设计思路

本次实验以土地利用为分类准则对深圳市土地利用进行四种分类：城市用地、水体、裸地、绿地并进行专题地图的制作，目的在于培养学生对于遥感数据的处理能力。

（1）查找一张专题地图，了解专题地图的概念、地图的比例尺与分辨率等。

（2）导入遥感影像，对影像/遥感影像进行预处理。

（3）根据图像像元的亮度值采用最大似然分类的方法对图像进行四个种类的分类。

（4）对分类后的图像进行布局设置：添加图例、比例尺、指北针、图名等。

（5）输出地图：将设置好的布局输出为图片。

（二）准备工作

（1）根据实验的目的收集相关的数据资料，进行分类整理。本教材配套实验所需的全部数据。

（2）熟悉 ENVI 软件的基本操作，根据教材的指导手册对每一个操作步骤进行演练。

## （三）实验流程（图2-1）

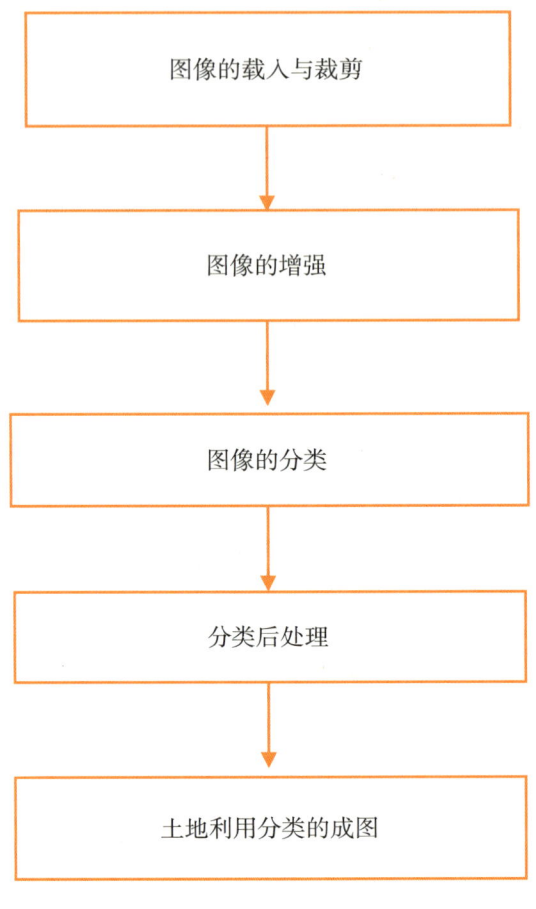

图2-1　实验流程图

## 第一节　认识遥感与ENVI

### 一、遥感简介

#### （一）遥感的基本概念

遥感（Remote Sensing，RS），顾名思义，即遥远的感知，泛指一切无接触的远距离探测。在不同的学科（如测绘学、地理学）中有着不同的定义。

广义的遥感：各种非直接接触、远距离探测目标的技术，往往是通过间接手段来获取目标状态信息。

狭义的遥感：利用安装在遥感平台上的可见光、红外、微波等各种传感器，通过摄影、扫描等方式，从高空或远距离甚至外层空间接收来自地球的表面或地表以下一定深度各类地物发射或反射的电磁波信息，并对这些信息进行加工处理，进而识别出地表物体的性质和运动状态。

遥感卫星数据是遥感卫星在太空探测地球地表物体对电磁波的反射，及其发射的电磁波，从而提取该物体信息，完成远距离识别物体，并将这些电磁波转换、识别得到可视图像，即为卫星影像。通俗简单地解释，就是卫星在空中给地面拍的照片，地面长什么样，它就拍出什么样，并且带有经纬度信息实时地貌照片。图片里是没有任何文字的标识，但可以进行后期加工处理，添加任何需要补充的信息，当然相关卫星公司默认的原始数据是不提供这个后期处理的。

### （二）陆地卫星——Landsat 简介

陆地卫星以探测地球资源为主要目的，在 900km 左右的高度上沿太阳同步近极地近圆形轨道运行，不断地实施对地观测。因此，陆地卫星被广泛应用于地球资源调查、环境监测等领域。

陆地卫星包括：美国国家航空航天局的 Landsat 卫星系列、法国国家空间研究中心主导的 SPOT 卫星系列、中国地球资源卫星等。在此主要介绍 Landsat 卫星系列。Landsat 系列卫星简况如表 2-1 所示。

表 2-1  Landsat 系列卫星简况

| | 卫星名称 | 发射时间 | 传感器 | 状态 |
|---|---|---|---|---|
| 第一代 | Landsat-1 | 1972.07.23 | RBV, MSS | 1978 年退役 |
| | Landsat-2 | 1975.01.12 | | 1982 年退役 |
| | Landsat-3 | 1978.03.05 | | 1983 年退役 |
| 第二代 | Landsat-4 | 1982.07.26 | MSS, TM | 2001 年退役 |
| | Landsat-5 | 1984.03.01 | | 2011 年停止 |
| 第三代 | Landsat-6 | 1993.10.03 | ETM | 失败 |
| | Landsat-7 | 1999.04.15 | ETM+ | 故障 |
| | Landsat-8 | 2013.02.11 | OLI/TIRS | 运行 |

### （三）Landsat 卫星的数据采集

Landsat 卫星携带的传感器，在南北向的扫描范围大约为 179km，东西向的扫描范围大约为 183km，Landsat-7 和 Landsat-8 都是太阳同步卫星，轨道相同，轨道高为 705km，运动轨迹为地球阳面从北向南，卫星绕地球一周用时 99 分钟，每天能绕地球

14 周，重访周期为 16 天。

数据输出格式是 GeoTIFF，采取三次卷积的取样方式，地图投影为 UTM‒WGS84 南极洲极地投影。数据分发前，美国国家航空与航天局（NASA）和美国地质调查局（USGS）对数据产品进行了系统的辐射矫正和地面控制点几何校正，并且通过 DEM 高程模型做了地形矫正。按照产品的处理级别，分为四类：原始数据产品（Level 0），辐射矫正产品（Level 1），系统几何矫正产品（Level 2），几何精矫正产品（Level 3），高程矫正产品（Level 4）。目前，由中国科学院计算机网络信息中心发布的是 L1T 数据产品，用户可通过国际科学数据服务平台免费获得。

Landsat 卫星数据覆盖中国区域需要 561 景影像，每一景 Landsat 卫星影像图像存储为一个压缩文件。每个数据文件的文件名由拍摄卫星的名称、拍摄地区行与列编号、拍摄时间、地面接收站位置来共同命名。例如，LT51240312009224IKR00 文件名包含的信息如下：拍摄卫星是 Landsat‒5（TM 传感器），拍摄地区位于 124 行/31 列，拍摄时间是 2009 年的第 224 天，地面接收站编号 IKR。图 2‒2 为 Landsat‒7 结构图、图 2‒3 为 Landsat 拍摄的遥感影像。

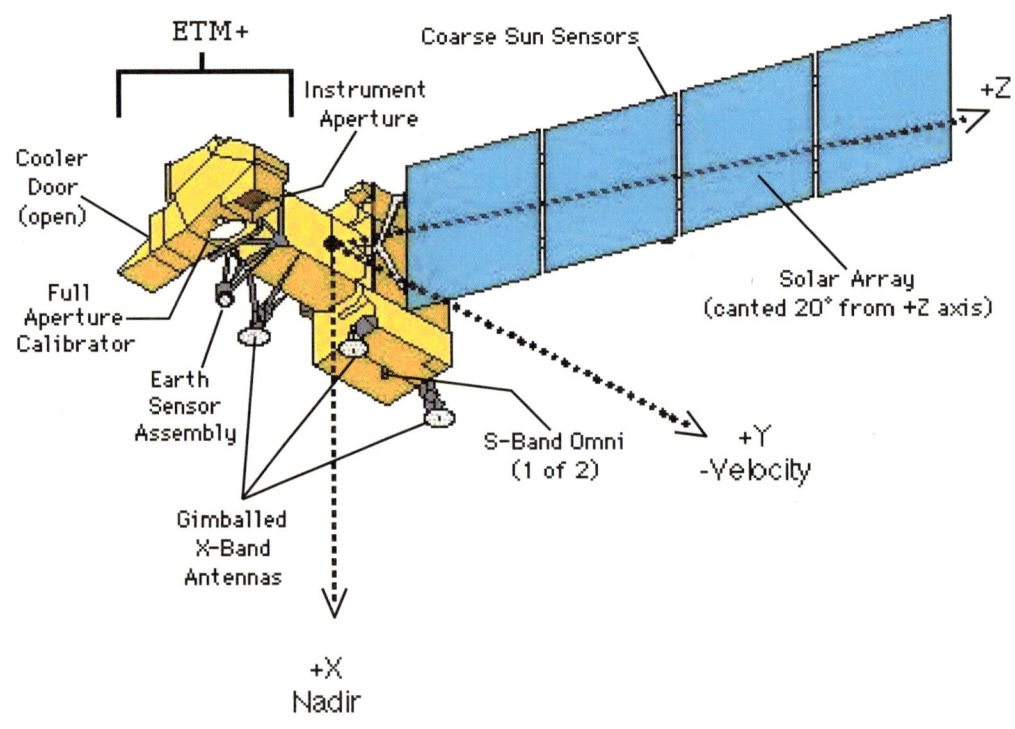

图 2‒2　Landsat‒7 结构图

图 2-3　Landsat-7 拍摄的遥感影像

## 二、ENVI 软件简介

ENVI（The Environment for Visualizing Images）是由遥感领域的科学家采用交互式数据语言 IDL（Interactive Data Language）开发的一套功能强大的遥感图像处理软件。它是快速、便捷、准确地从影像中提取信息的首屈一指的软件解决方案。今天，众多的影像分析师和科学家选择 ENVI 来从遥感影像中提取信息。ENVI 已经广泛应用于科研、环境保护、气象、石油矿产勘探、农业、林业、医学、国防安全、地球科学、公用设施管理、遥感工程、水利、海洋、测绘勘察和城市与区域规划等领域。作为一个完整的遥感图像处理平台，其软件处理技术覆盖了图像数据的输入/输出、图像定标、图像增强、纠正、正射校正、镶嵌、数据融合以及各种变换、信息提取、图像分类、基于知识的决策树分类、与 GIS 的整合、DEM 及地形信息提取、雷达数据处理、三维立体显示分析。

### ENVI 视窗介绍

（1）如图 2-4 所示，点击"开始"菜单里的"ENVI 5.3（64-bit）"打开 ENVI。

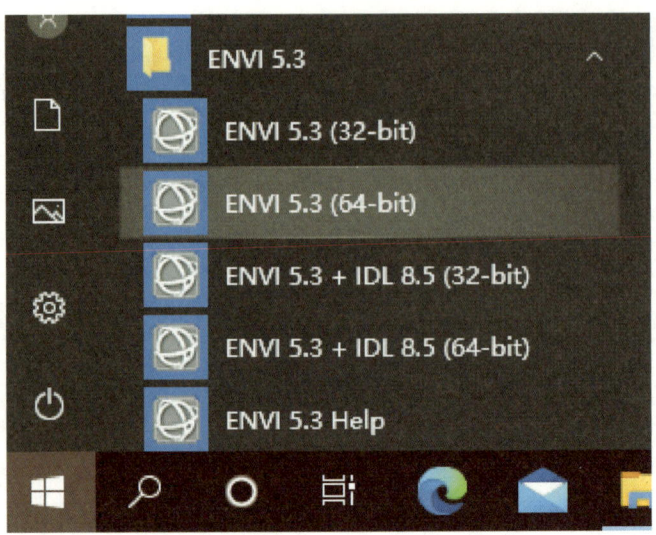

图 2-4 ENVI 软件

（2）打开的 ENVI 软件操作界面如图 2-5 所示，大致可分为主菜单栏、工具栏、图层管理窗口、图像窗口、工具箱窗口 5 类。

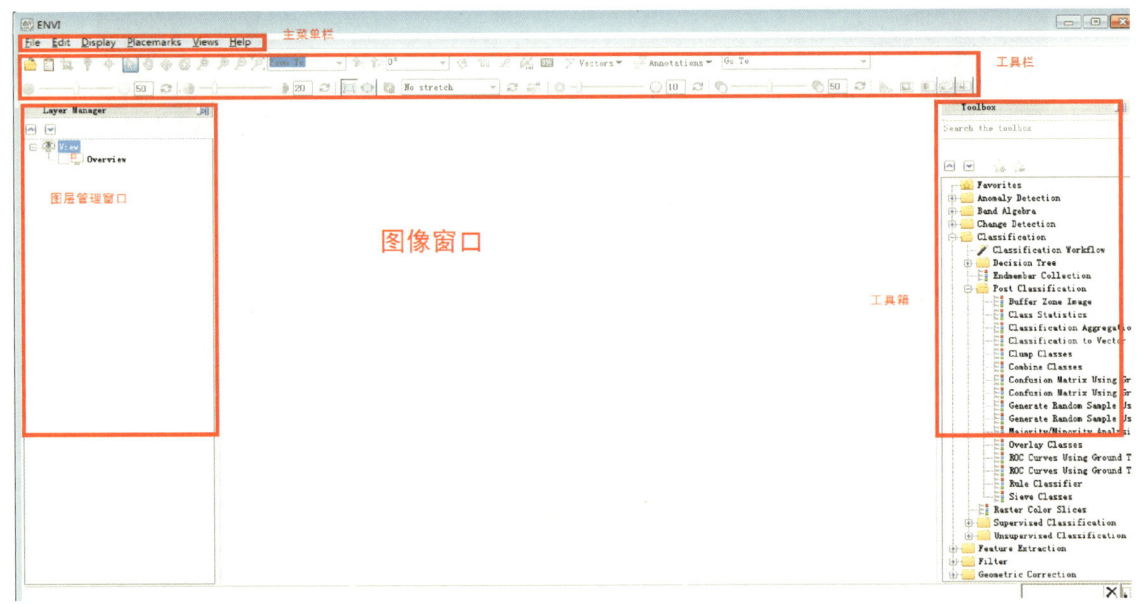

图 2-5 ENVI 软件界面

（3）主菜单栏包括五个菜单，左键点击会自动弹出每个菜单的子菜单，例如，我们单击主菜单中的【File】（文件）按钮；会出现如图 2-6 所示的下拉窗口。在接下来的学习中，我们需要常用到【File】菜单中的【Open】（打开）功能来打开遥感图像文件，以及【Save】（保存）、【Save As】（保存为）功能来输出处理后的遥感图像。

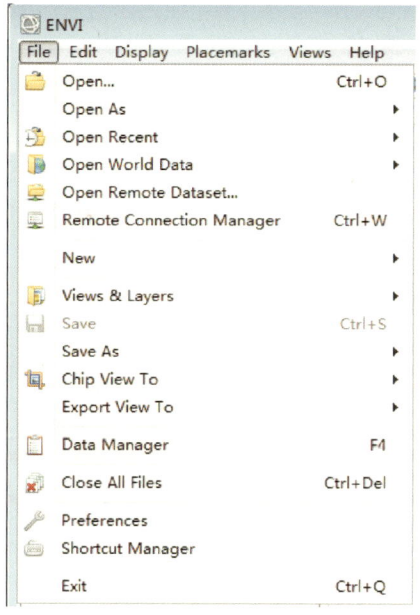

图 2-6　点击【File】后的下拉菜单

（4）ENVI 可满足多个图像文件同时显示，在处理图像的过程中也会产生多个不同要素类型的图层，这时候，我们可以在视窗左侧的"Layer Manager"（图层管理器）窗口，对我们的图层进行管理，如图 2-7 所示。

（5）如图 2-8 所示，视窗右侧的"Toolbox"窗口汇集了几乎所有处理遥感图像的工具，例如：Change Detection（动态监测）、Classification（分类）、Image Sharpening（图像锐化）等，点击每个工具包前面的【+】号可将工具包展开，可见工具包中包含了许多工具。

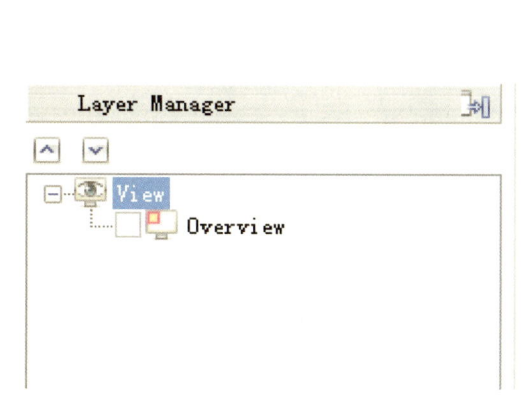

图 2-7　Layer Manager 窗口

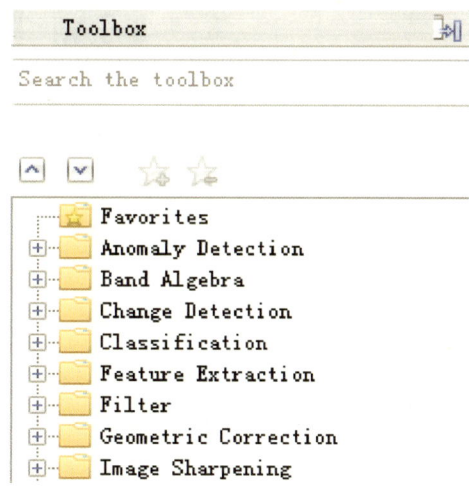

图 2-8　Toolbox 窗口

## 三、ENVI 软件基本操作

### （一）打开图像文件

如图 2-9 所示界面，依次点击主菜单栏中的【File】【Open...】，可以看到【Open】后带有"Ctrl+O"标志，这是【Open】的快捷键。打开 ENVI 后，同时按住键盘上的"Ctrl"键与"O"键，也可打开文件。

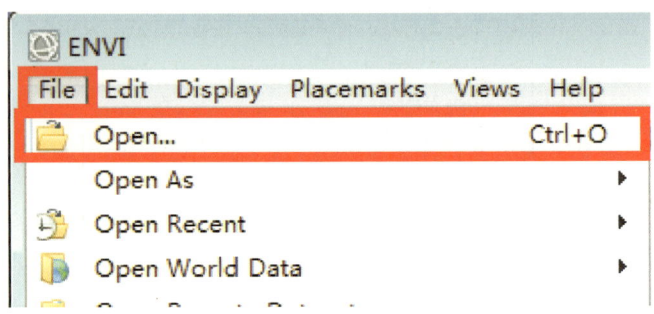

图 2-9 快捷键"Ctrl+O"

如图 2-10 所示，在弹出的"Open"窗口中，选择"class1data\121441226"文件夹下的"_MTL.txt"后缀的文件，点击【打开】按钮。

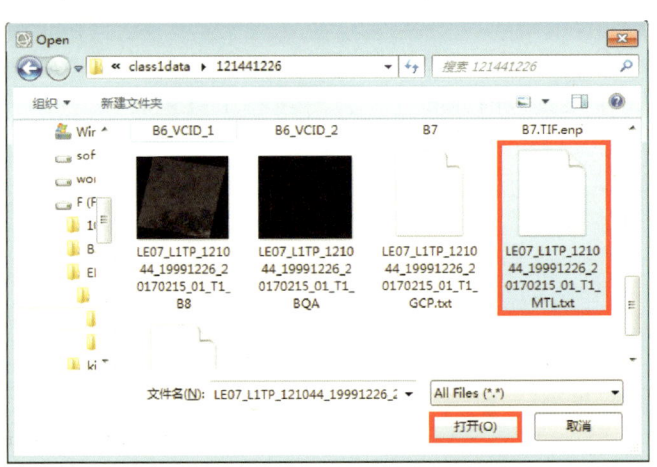

图 2-10 Open 窗口中，点击【打开】按钮

Tips：由于文件名太长，后缀在显示过程中被省略，这时可以将鼠标放在文件上（无须点击）等待两秒即可显示文件全名。或者在文件夹单击鼠标右键，更改查看方式为"大图标"，即可如图显示文件全称。

图像打开后，如图 2-11 所示，在左边的"Layer Manager"窗口会出现一个新图层，这就是我们打开的图像图层。在这个图层前的选框内带"√"，表示此时图层显示于图像显示窗口，单击选框可取消选中，此时可对图层进行隐藏。在图像窗口上方有一个带有子菜单的 No stretch 按钮，打开图像后默认为不拉伸显示"No stretch"。

图2-11　图像打开后的相关界面

### （二）图像拉伸显示

如图2-12所示，点击倒三角按钮后可选择图像拉升显示的方式。其中还有"Linear"（线性拉伸）、"Equalization"（均衡拉伸）等。通常，在图像处理过程中常用的拉伸方式为"Linear 2%"，其显示效果较好，在子菜单中选中即可。

### （三）图像的亮度、对比度调节

打开图像后，如图2-13所示，我们可以在图像显示窗口看到此时的图像较暗，这对图像分类的操作会有很大的影响。因此我们需要对图像的亮度值、对比度进行调节。

如图2-14所示，在工具栏的第二行，我们可以看到以下两个调节按钮；将鼠标置于其上方静止一秒会显示"Brightness"（亮度值）和"Contrast"（对比度）。

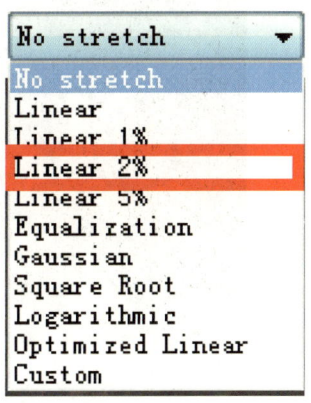

图2-12　图像拉升显示的方式

鼠标左键按住并左右拖动其中间的调节按钮，可以调节图像的亮度及对比度。往左拖动，图像亮度减少，对比度降低；往右拖动，图像亮度增加，对比度增高。调节至图

图2-13 图像较暗

图2-14 亮度值与对比度调节按钮

像清晰即可，没有特殊要求。调节后的图像如图2-15所示。

图2-15 调节后图像

## （四）图像的移动、放大和缩小

在工具栏的第一栏可以看到如图 2－16 所示的这几个工具，选中工具栏上手掌样式的工具（Pan），将鼠标移至图像显示窗口，鼠标光标变成白色手掌样式，按住鼠标左键拖拽，可移动图像，便于我们找到并观察研究区域。

图 2－16　Pan 工具

如图 2－17 所示，选中工具栏中的十字箭头标志（Fly）时，将鼠标移至图像显示窗口，可见光标变成黑色三角形箭头，指向你所想移动的方向，单击鼠标，图像便会向此方向自动挪动。

图 2－17　Fly 工具

点击工具栏上如图 2－18 所示的两个图标，当光标为手掌样式（Pan）或者箭头（Select）时，滚动鼠标的滚轮可以对图像进行放大或缩小操作。

图 2－18　图像放大或缩小的工具

除了以上介绍的工具之外，我们还可以看到四个带有不同标志的放大镜样式图标。其中最右边四周带有四个箭头的放大镜标识为"Zoom To Full Extent（F12）"，如图 2－19 所示，意为"图像全览"，单击一下或者按键盘上的【F12】按钮，图像会完整的显示在图像显示窗口中，如图 2－20 所示。

图 2－19　图像全览按钮

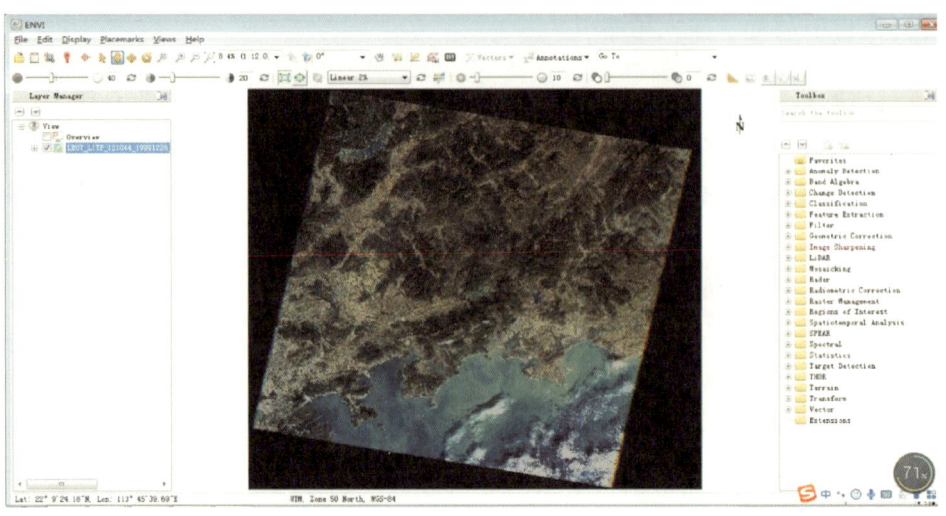

图 2-20　图像在显示窗口完整显示

## （五）显示鹰眼图

在"Layer Manager"窗口中，勾选"Overview"，可看见在图像显示窗口的左上角会出现一个鹰眼图，如图 2-21 所示，图中的红色方框代表目前窗口显示的区域是整个图像中的哪一部分，可以通过点击鹰眼图来改变图像的显示区域。

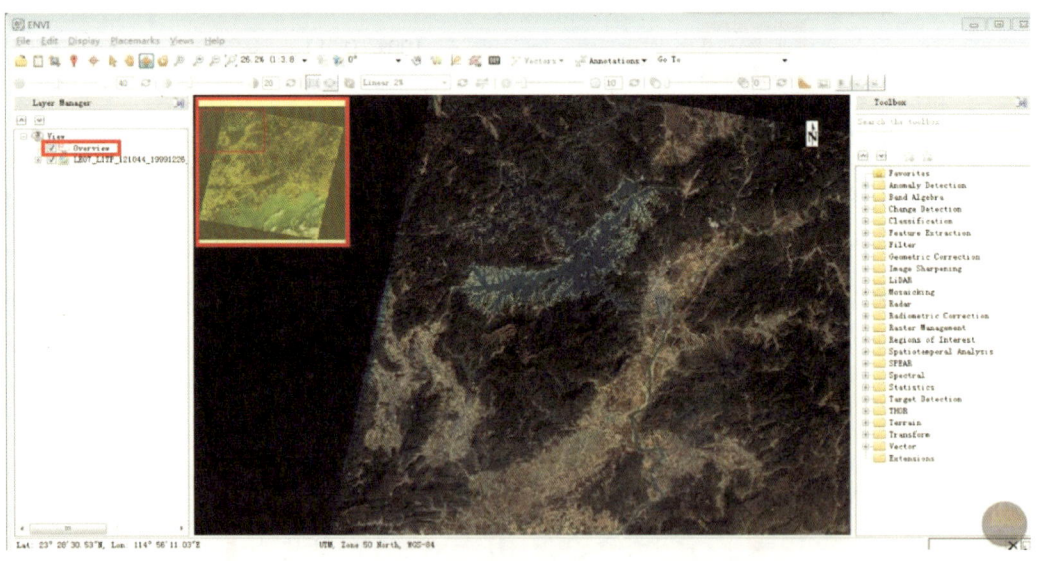

图 2-21　鹰眼图

## （六）设置多个数据显示窗口

如图 2-22 所示，点击主菜单栏里的【View】选项，打开其子菜单，选择【Two Vertical Views】（两个垂直方向的视图）。点击后，可以看到在"Layer Manager"图层管理窗口中出现了一个新的 View，如下图 2-23 所示，点击将其选中。

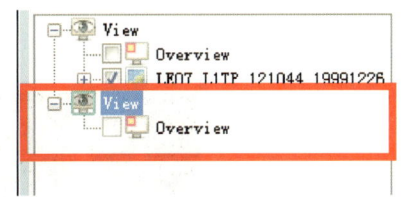

图 2-22 "View"选项界面

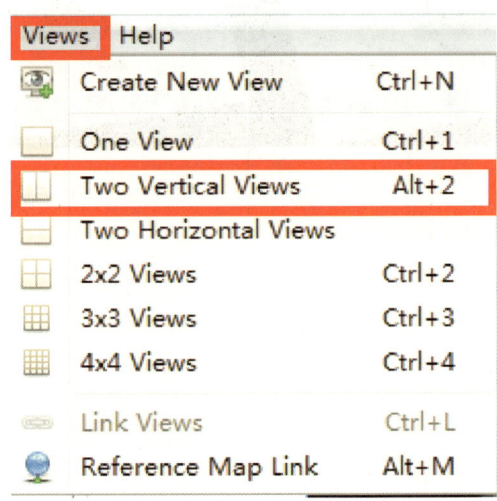

图 2-23 "Two Vertical Views"界面

依次点击主菜单栏中的【File】【Open...】，如图 2-24 所示在弹出的"Open"窗口中，选择"class1data\121441220"文件夹下的"_MTL.txt"后缀的文件，点击【打开】按钮。结果如图 2-25 所示，两幅图像分别显示在视窗中。

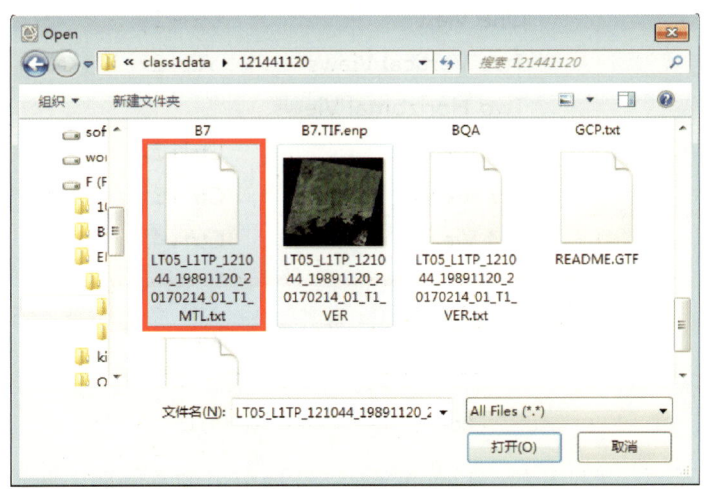

图 2-24 "Open"窗口界面

中学生地理信息技术实用教程

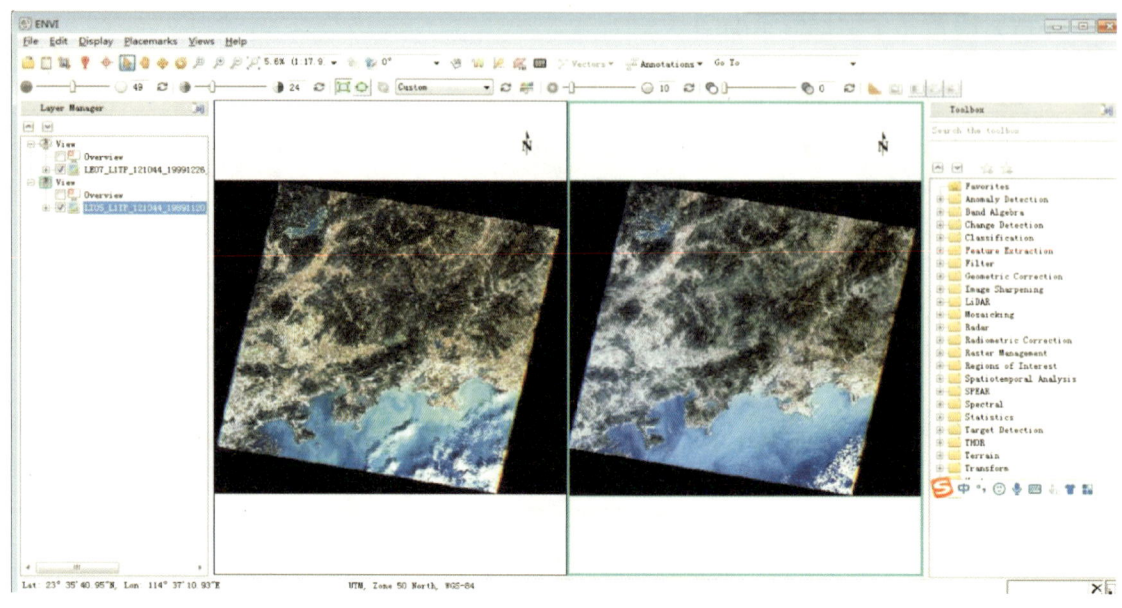

图 2-25　两幅图像分别显示

### （七）多个数据视窗连接

通过操作我们发现，想要将两景图像全览、放大、缩小，需要分别对其进行设置。这时，只要将两个视窗进行连接，就能实现同步操作多个视窗的效果。如图 2-26 所示，依次点击主菜单栏的【Views】【Link Views】（连接视窗）选项，打开"Link Views"选择窗口。

图 2-26　"Link Views"选择窗口

如图 2-27 所示，在打开的"Link Views"选择窗口的右侧选中两景图片后，在左侧红框中可看到已选中"View1"和"View2"，点击【OK】，此时在ENVI中已经可以对两个图像进行同步操作了。

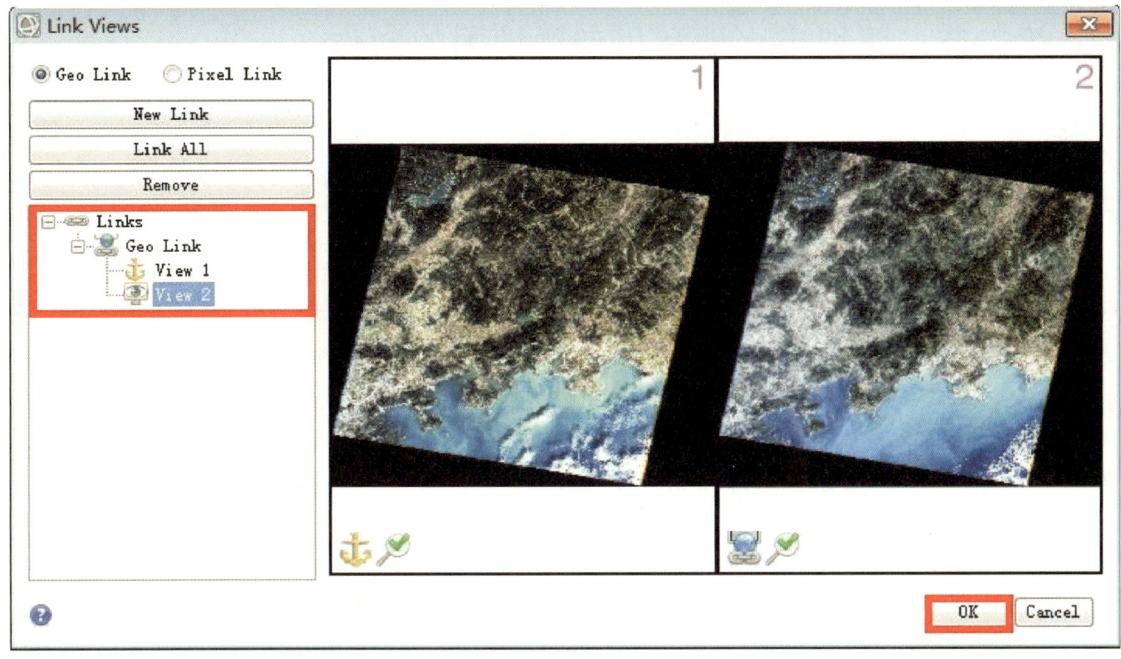

图 2-27　可同步操作的两图像

## （八）图像移除

如图 2-28 所示，在"Layer Manager"图层管理窗口中选中想要移除的图层，右击打开选择窗口，选择【Remove】，图层即可删除。

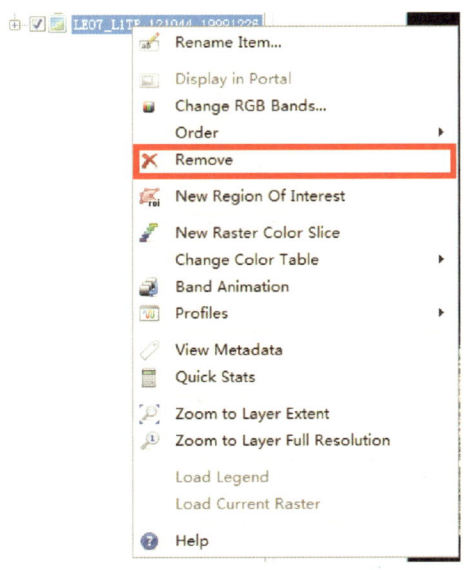

图 2-28　移除图层操作界面

## 第二节 深圳市土地利用专题地图的制作

### 一、图像的载入与裁剪

#### （一）图像载入

打开 ENVI 5.3（64-bit）软件后，依次点击左上角的【File】【Open】，打开"Open"窗口，选择"landsat \ class1data \ 1999"文件夹下的"mosaic_2019-11-14T14-38-37Z. dat. enp"文件，点击【打开】。如图2-29所示。

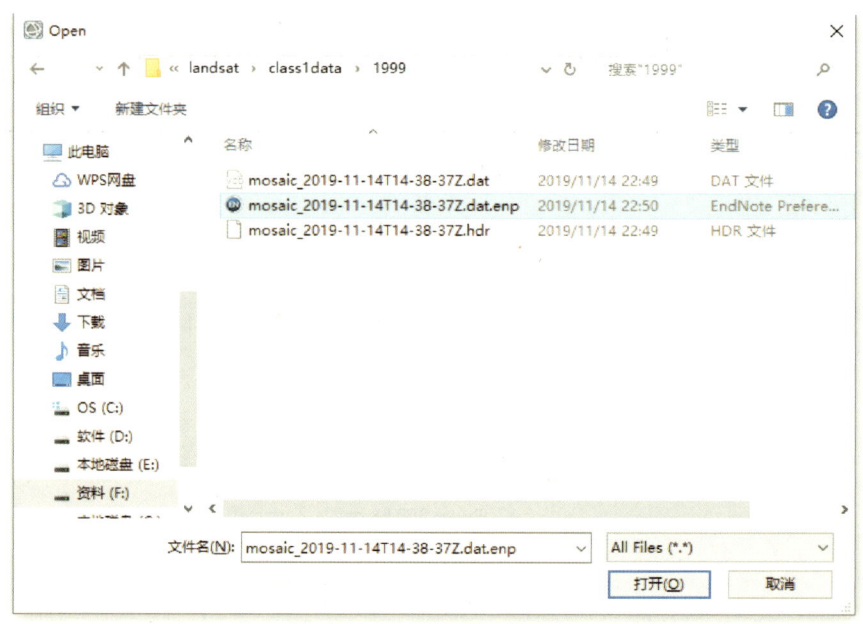

图2-29 打开文件操作界面

#### （二）图像裁剪

对图像进行裁剪的目的是将研究区域之外的区域去除。常用方法是按照行政区边界或自然区边界进行图像裁剪。要从图像中获取深圳市的图像，我们除了需要轨道号为122/44的遥感影像外，还需要其边界文件。

（1）依次点击【File】【Open】，打开"Open"窗口，如图2-30所示，选择"landsat \ class1data \ boundary"文件夹下的"shenzhen. shp"边界文件（文件的后缀为". shp"代表这个文件是矢量文件），并将图层置于最顶层。打开后如图2-31所示，图像上有红线圈出了市域范围。

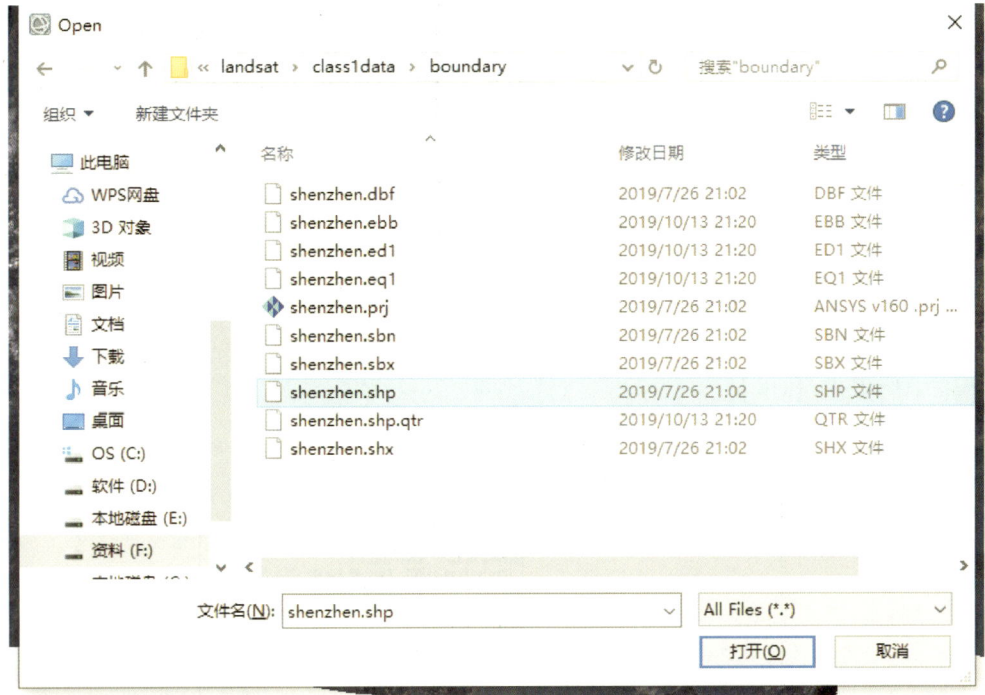

图 2-30　打开边界文件操作界面

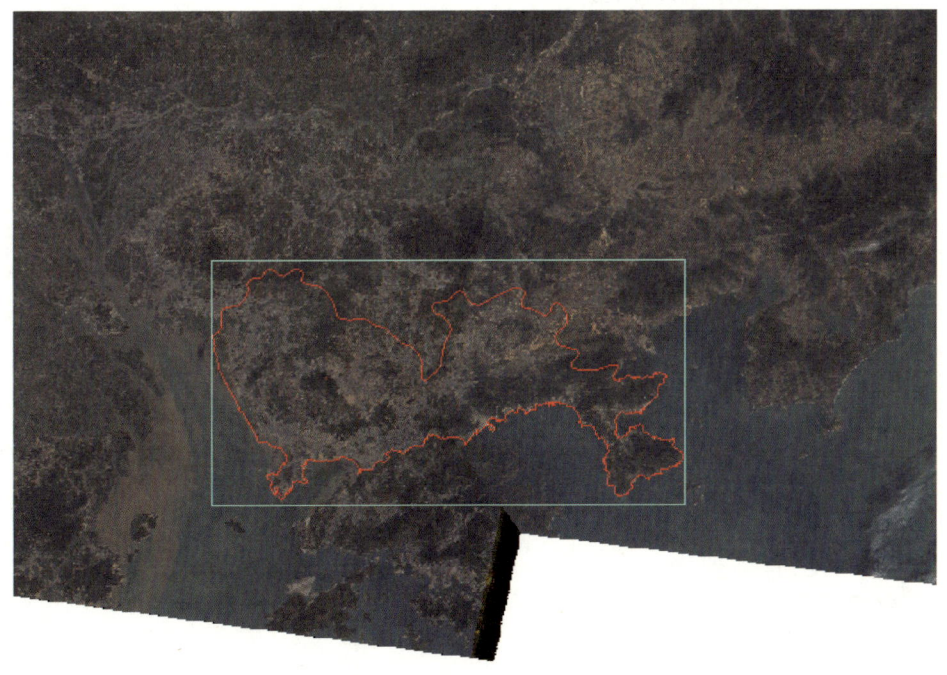

图 2-31　红线圈出市域范围

(2) 如图 2-32 所示，在"Toolbox"的搜索栏中输入"Subset Data from ROIs"，双击搜索结果。ROI（Region of Interest）指感兴趣区域。"Subset Data from ROIs"意思是从感兴趣区域中选取子集。

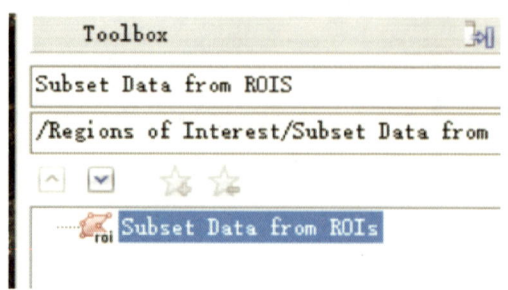

图 2-32  从感兴趣区域中选取子集操作界面

(3) 如图 2-33 所示，在"Select Input File to Subset via ROI"窗口中，在左边的"Select Input File"中选中需要裁剪的图像，这里选择有六个波段的图像。选中图像文件时，下方的"Spectral Subset"一栏显示为"6/6 Bands"时则表示这个图像文件含有 6 个波段，选中后点击【OK】。

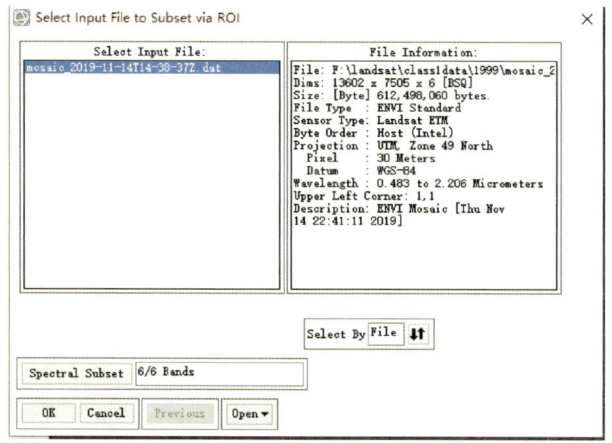

图 2-33  选择图像操作界面

(4) 如图 2-34 所示，在打开的"Spatial Subset via ROI Parameters"窗口中的"Select Input ROIs"一栏选中"shenzhen.shp"边界文件；设置以下参数：

Mask pixels output of ROI?：Yes

Mask Background Value：0

(5) 参数设置完成后，点击【Choose】，选择输出路径，将裁剪后的图像命名为"shenzhen1999"，单击【OK】执行图像裁剪。裁剪完成后，在图层管理列表"Layer Manager"窗口中，隐藏其余图层，得到裁剪后的图像如图 2-35 所示。

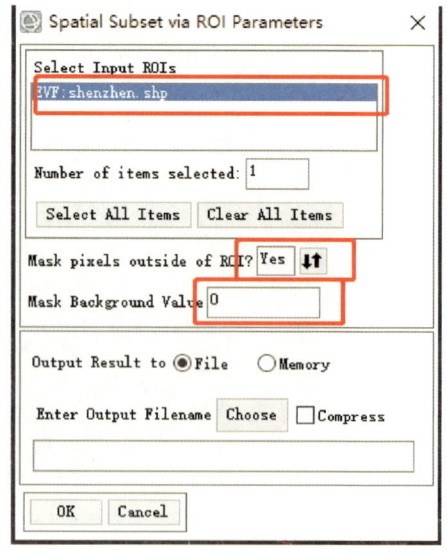

图 2-34  设置参数操作界面

第二章 1999—2019 年深圳市土地利用分析

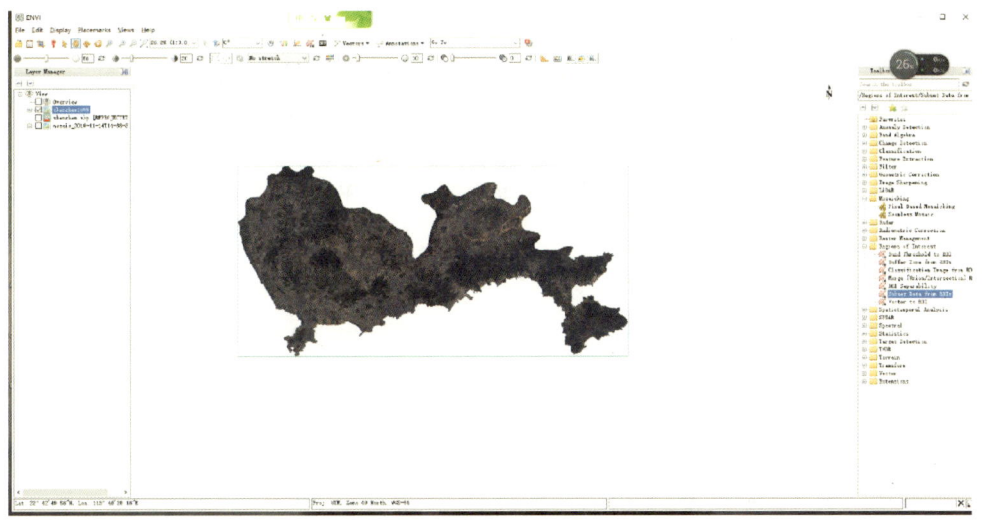

图 2-35 剪裁后的图像

## 二、图像分类

遥感图像通过亮度值、像元值的高低差异（反映地物的光谱信息）及空间变化（反映地物的空间信息）来表达不同地物的差异。这是区分不同图像地物的物理基础。遥感图像分类就是利用计算机通过对遥感图像中的各类地物的光谱信息和空间信息进行分析，选择特征，将图像中每个像元按照某种规则或算法划分为不同的类别，然后获得遥感图像中与实际地物的对应信息。一般的分类方法为：监督分类与非监督分类。我们将学习监督分类的方法。监督分类法又称为"训练分类法"，是指用被确认的样本像元去识别其他未知类别像元的过程。

监督分类总体分为四个步骤：定义训练样本、执行监督分类、评价分类结果以及分类后处理。

### （一）背景值设 0

（1）在"Toolbox"搜索栏中输入"Edit ENVI Header"（编辑头文件），双击打开工具，如图 2-36 所示，在"File Selection"面板中选择上一步裁剪好的图像"shenzhen1999"，单击【OK】，打开"Set Raster Metadata"窗口。

（2）如图 2-37 所示，在"Set Raster Metadata"面板设置参数："Data Ignore Value：0"，单击【OK】执行背景值修改。

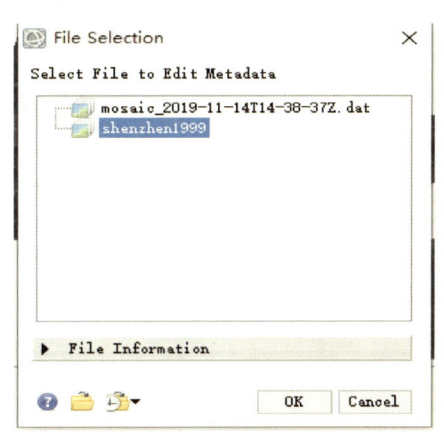

图 2-36 "File Selection"面板

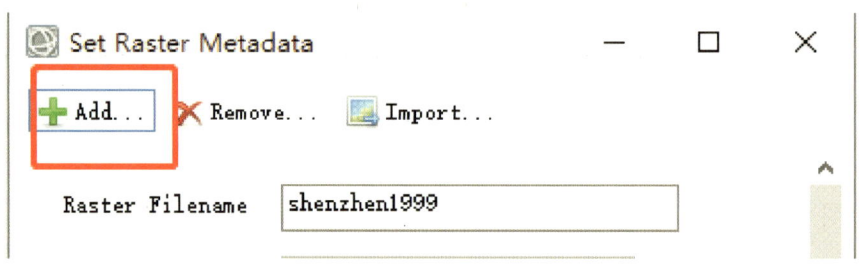

图2-37 设置参数

（3）如果在"Set Raster Metadata"面板中没有找到"Data Ignore Value"选项的，如图2-38所示，可点击【+Add…】，打开如图2-39所示的"Add Metadata Items"窗口，选择"Data Ignore Value"选项，点击【OK】进行添加。

图2-38 点击【+Add…】

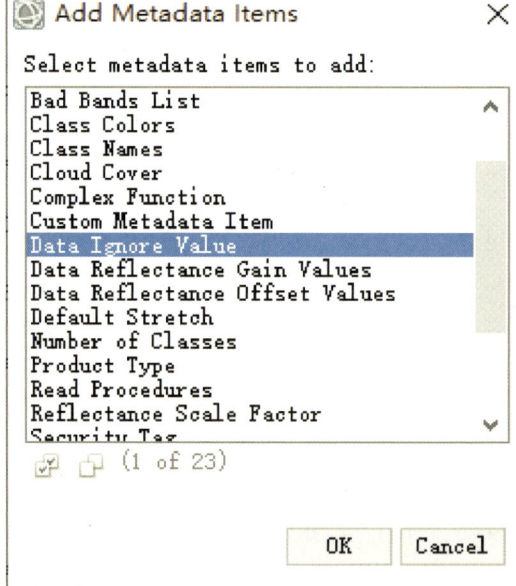

图2-39 "Add Metadata Items"窗口

## （二）RGB 色彩合成

训练样本的定义主要靠目视解译，不同波段合成显示可以增强不同地物，有助于我们目视解译训练样本。不同的 RGB 组合可以得到不同的彩色图像，下面介绍一种简单的 RGB 彩色合成。

（1）在工具栏中点击 图标，打开"Data Manager"窗口。

（2）在"Data Manager"窗口中单击打开"Band Selection"选择栏，如图 2-40 所示，设置参数如下：

R（red）分量：Band 5

G（green）分量：Band 4

B（blue）分量：Band 3

设置后点击【Load Data】完成色彩合成。

（3）如图 2-41 所示，点击工具栏上 的图标，选择【Linear 2%】来对图像做 2% 的拉伸，在显示的 RGB 图像中是模拟真彩色图像，色彩饱和，目视可解译出 6 类地物。

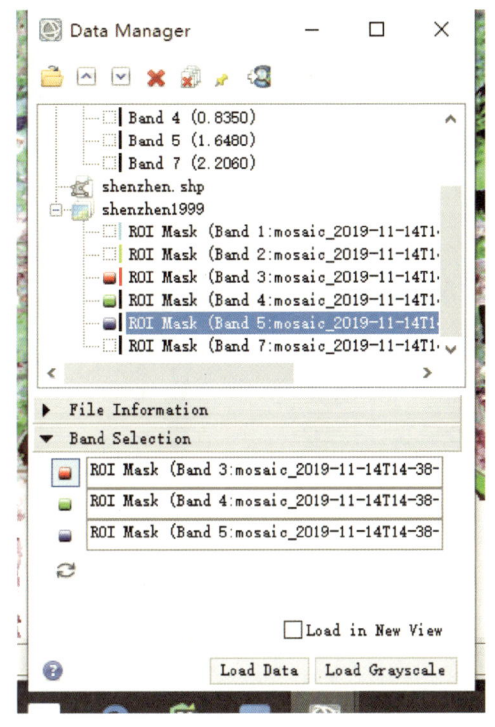

图 2-40　设置参数

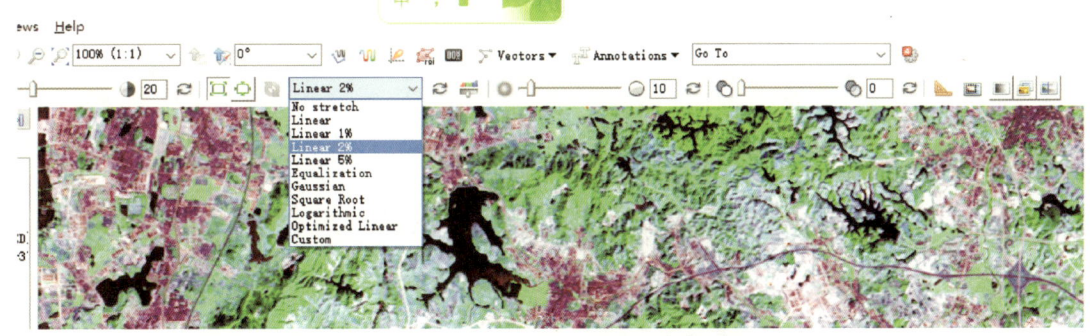

图 2-41　图像拉伸

## （三）新建训练样本

ENVI 中利用"ROI Tool"来定义训练样本，也就是把感兴趣区（ROI）当作训练样本，因此定义训练样本的过程就是创建感兴趣区的过程。

（1）点击工具栏中 图标，打开"Region of Interest（ROI）Tool（感兴趣区工

具）"窗口。

（2）点击"Region of Interest（ROI）Tool"窗口中的添加地类分类。

（3）如图2-42所示，在"Region of Interest（ROI）Tool"窗口中给第一个地类分类命名为"城市用地"，点击旁边的色块按钮给该地类设置颜色（请将每个ROI设置的颜色的RGB参数记录下来，方便最后做图例，如图中，R通道参数为255，G通道参数为160，B通道参数为160）。

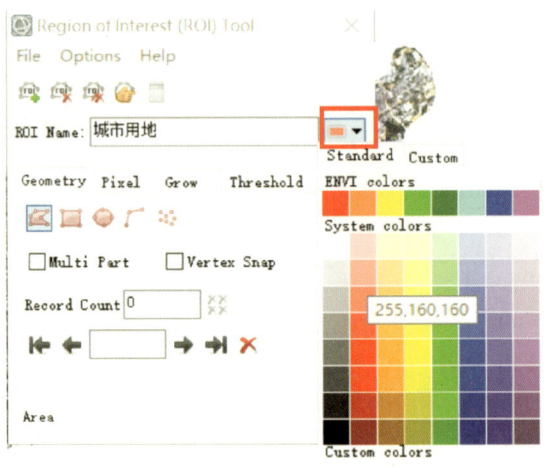

图2-42　地类分类命名及设置颜色

（四）选取训练样本

（1）给ROI命名及选取颜色之后，将鼠标移动到Image窗口，可发现鼠标变成了十字符号，此时可以勾选训练样本了，在窗口中分别绘制几个多边形感兴趣区，双击即可结束一个感兴趣区的绘制，每种训练样本可选取15个左右的感兴趣区，如图2-43所示。

图2-43　绘制感兴趣区操作界面

(2)按同样的方法分别建立并选取"绿地""水体""裸地"训练样本,如图2-44所示。

图2-44　建立并选取训练样本

(3)如果在感兴趣区选取时对取点不满意,可右键并选择【Clear Polygon】,即可删除点。

## (五)评价训练样本

ENVI使用计算ROI的可分离性工具来计算任意类别间的统计距离,这个距离用于确定两个类别间的差异性程度。

(1)在"Layer Manager"面板中选中被分类的图层,这里选择"shenzhen1999",选中后点击工具栏中的ROI工具,打开如图2-45所示的"Region of Interest(ROI)Tool"窗口,依次点击【Options】【Compute ROI Separability...】,在打开的"Choose ROIs"面板中直接点击【OK】计算训练样本的可分离性。

(2)样本可分离性计算完成后将显示在"ROI Separability Report"窗口中,如图2-46所示。在计算窗口中,将会根据分离性值的大小,从小到大列出感兴趣区组合。

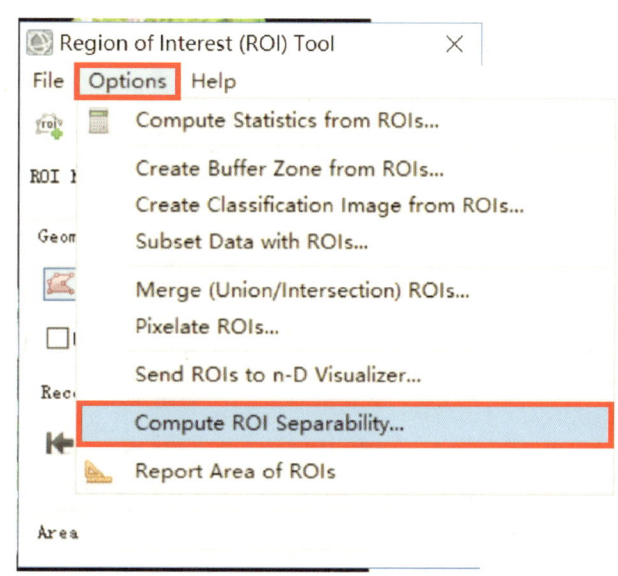

图2-45　计算训练样本的可分离性操作

这两个参数的值为 0~2.0，大于 1.9 说明样本分离性好，属于合格样本；小于 1.8，需要重新选择样本；小于 1，需考虑将两类样本合成一类样本。

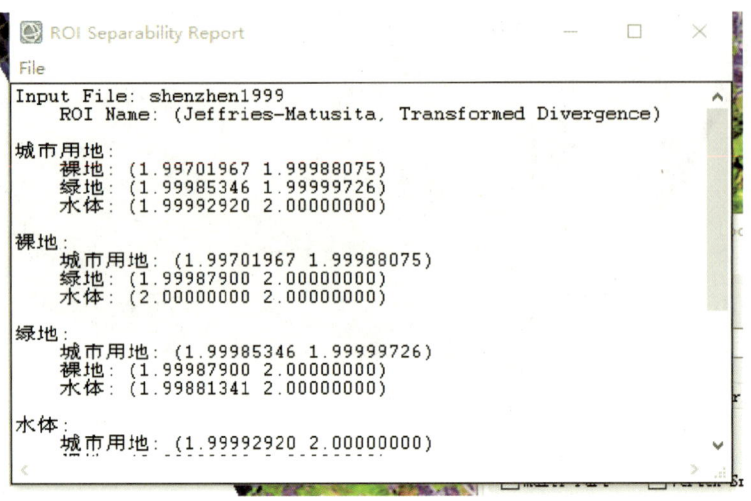

图 2-46　样本可分离性计算完成后的显示窗口

### （六）最大似然监督分类

（1）如图 2-47 所示，依次选择 Toolbox 工具栏下的【Classification】【Supervised Classification】【Maximum Likelihood Classification】（最大似然监督分类法），双击打开。

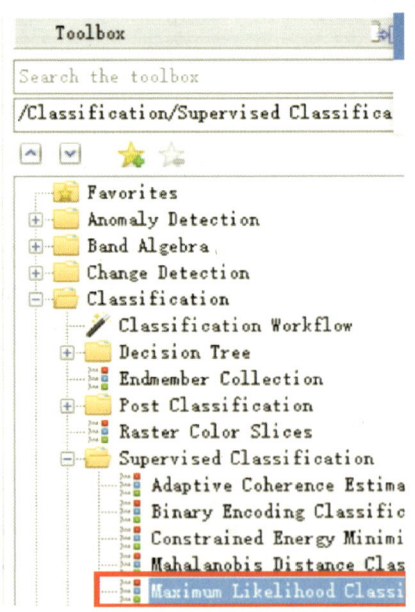

图 2-47　打开最大似然监督分类法

（2）如图 2-48 所示，在打开的"Classification Input File"窗口中选择要被分类的图层，这里选择裁剪后的"shenzhen1999"图层，选中后点击【OK】打开"Maximum Likelihood Parametrs"窗口。

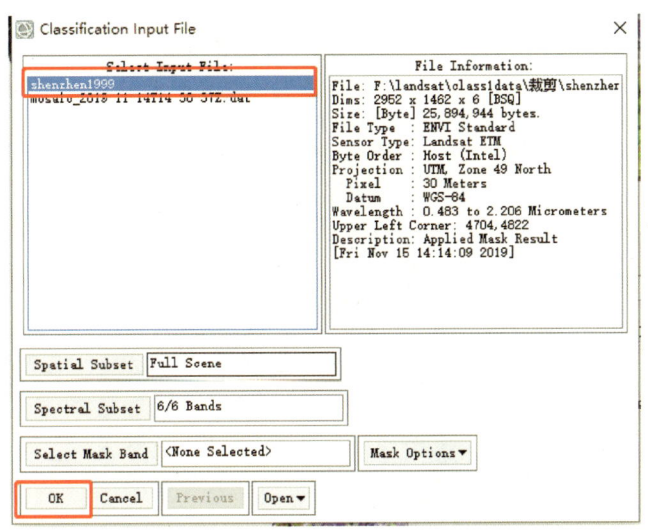

图 2-48　打开"Maximum Likelihood Parametrs"窗口

（3）如图 2-49 所示，在"Maximum Likelihood Parametrs"窗口下的"Select Classes from Regions:"选项中，选中之前创建的所有训练样本。设置以下参数：

"Set Probability Threshold（最大似然阈值）：None"，"Data Scale Factor（数据比例系数）：255"。设置完成后点击"Enter output Class Filename"后的【Choose】按钮，设置输出路径和文件名，这里选择"landsat \ class1data \ classification"文件夹，并命名为"shenzhen1999classification"。在"Output Rule Image？"选择【No】之后，点击【OK】开始进行分类。

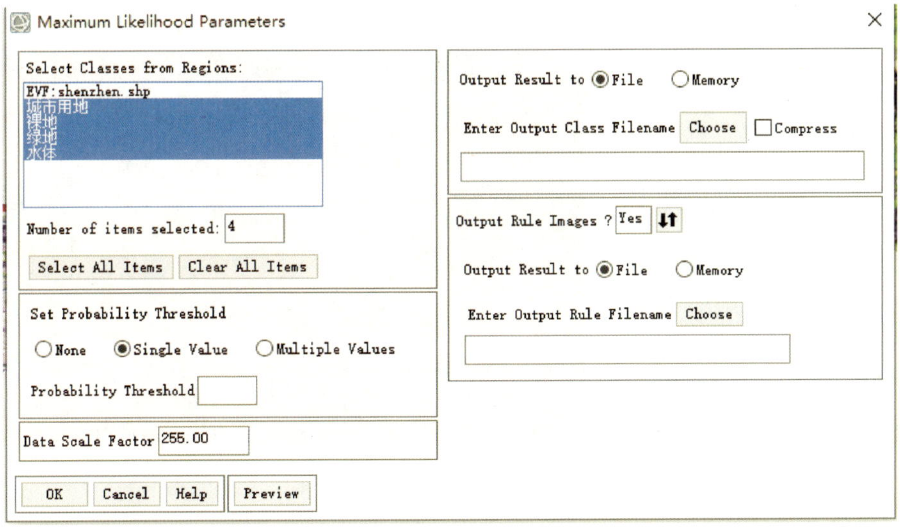

图 2-49　设置相关参数

（4）分类完成后，如图2-50所示，可在"Image"窗口显示分类结果。

图2-50　显示分类结果

## 三、分类后处理

以上分类方法得到的是初步结果，一般难以达到最终的应用目的。为得到最终理想的分类结果，还需要进行一些处理，这些处理通常包括：更改分类颜色、分类统计分析、小斑点处理（分类后处理）、栅矢转换等操作。这里我们做小斑点处理。

（1）如图2-51所示，放大图像后我们可以发现，在图像中存在很琐碎的面积很小的图斑，无论从专题制图的角度，还是从实际应用的角度，都有必要对这些小图斑进行剔除或者重新分类。常用的方法有Majority/Minority分析、聚类处理（Clump）和过滤处理（Sieve）。在这里我们利用Majority/Minority分析工具对其进行重新分类。

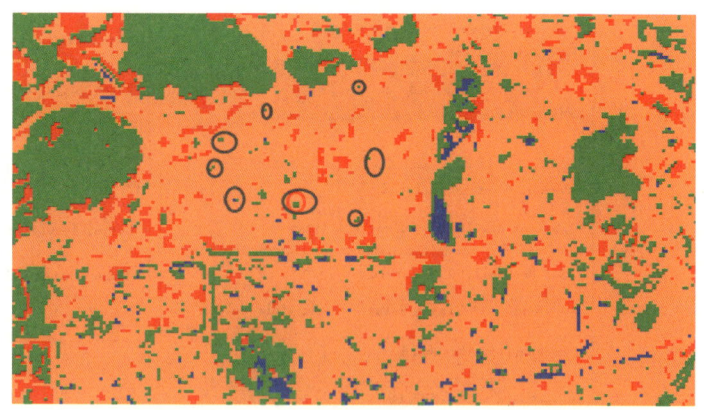

图2-51　众多琐碎的图斑

（2）依次选择"Toolbox"工具栏下的【Classification】【Post Classification】

【Majority/Minority Analysis】,双击打开。

(3) 在打开的"Classification Input File"窗口中选择需要处理的图层,这里选择"shenzhen1999classification"图层,点击【OK】,如图2-52所示。

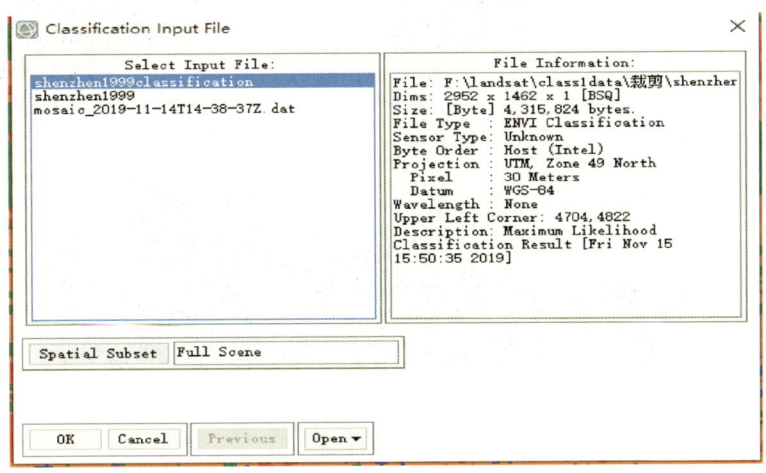

图2-52 选择"shenzhen1999classification"图层

(4) 在"Majority/Minority Parametrs"窗口下的"Select Classes:"选项中,选中之前创建的4项训练样本。其他设置如图2-53所示,设置完成后点击【Choose】,在打开的界面中设置分类后处理文件的保存路径以及文件名,这里选择路径为"landsat\class1data\classification"文件夹,并命名为"1999clpost"。完成后点击【OK】。

Tips:窗口中"Kernel Size"选项指的是被处理的小斑点的大小,设置得越大,图像中琐碎的图斑就会越少。

(5) 等待图像处理好之后,可以对比处理前后图像的变化,细碎的图斑明显减少;分类处理之后发现研究区域外也被分类,此时利用"shenzhen.shp"对处理后的图像"1999clpost"进行裁剪,将裁剪后文件保存路径为"landsat\class1data\裁剪",并命名为"1999clpostcut"。裁剪后分类影像如图2-54所示。

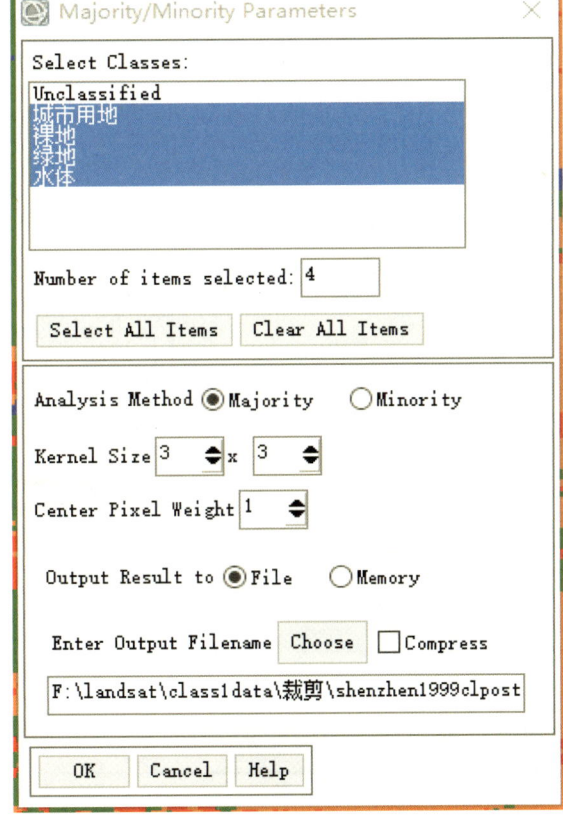

图2-53 相关设置界面

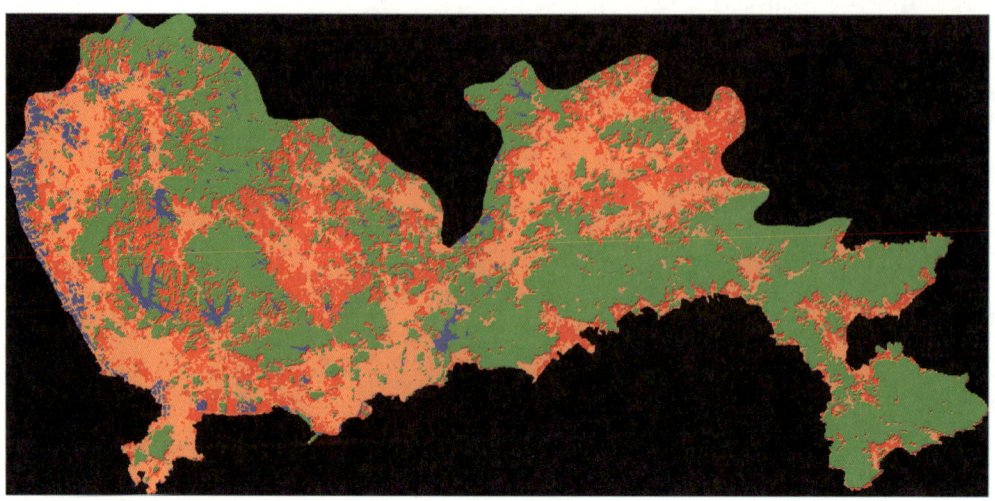

图 2-54 裁剪后分类影像

## 四、统计数据

(1) 在"Toolbox"一栏中输入"Class Statistics"。打开"Class Statistics"选项,如图 2-55 所示,在"Classification Input File"窗口中选中裁剪后的图像"1999clpostcut"点击【OK】。在打开的"Statistics Input File"窗口中继续选择"1999clpostcut",完成后点击【OK】。

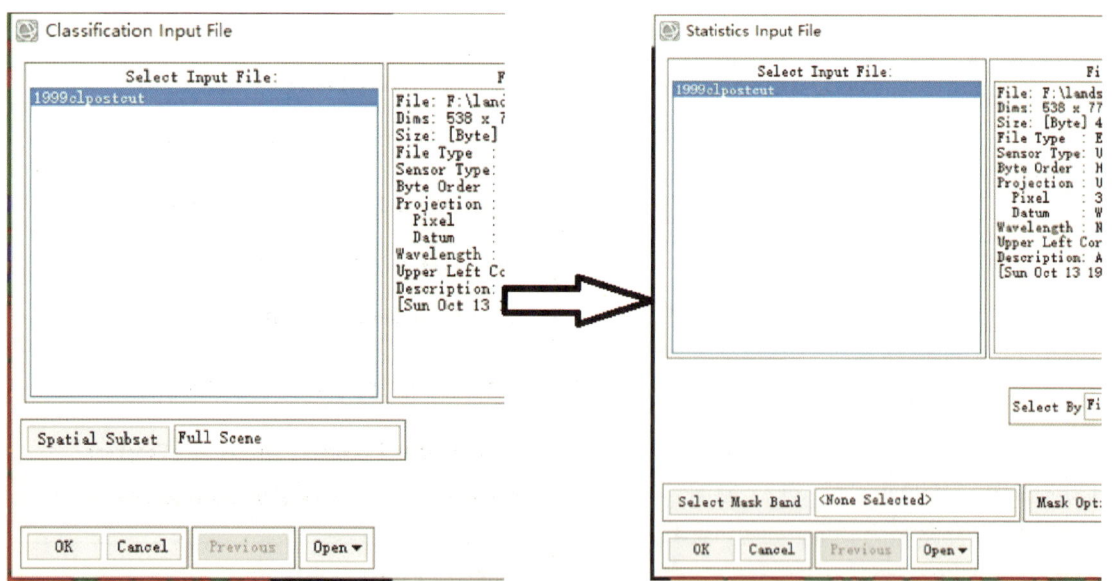

图 2-55 相关操作界面

（2）如图 2-56 所示，在打开的"Class Selection"窗口中选择所需要统计的类，这里我们选择"城市用地""水体""绿地""裸地"。完成后单击【OK】选项。

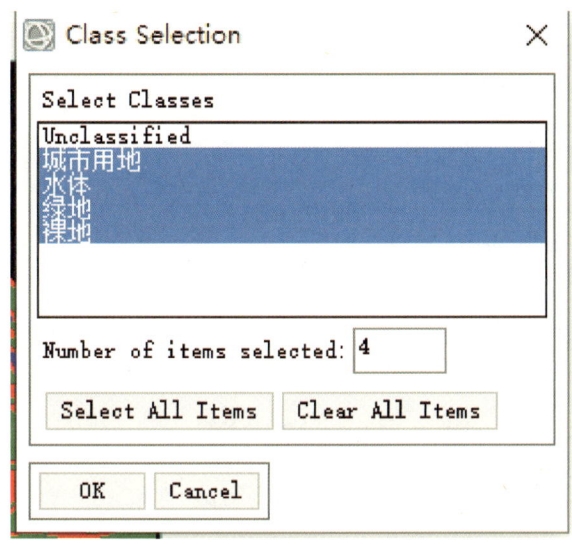

图 2-56　选择需要统计的类

（3）如图 2-57 所示，在打开的"Compute Statistics Parameters"窗口中勾选【Output to a statisics File】和【Output to a Text Report File】选项，选择保存路径和文件名。点击【OK】。

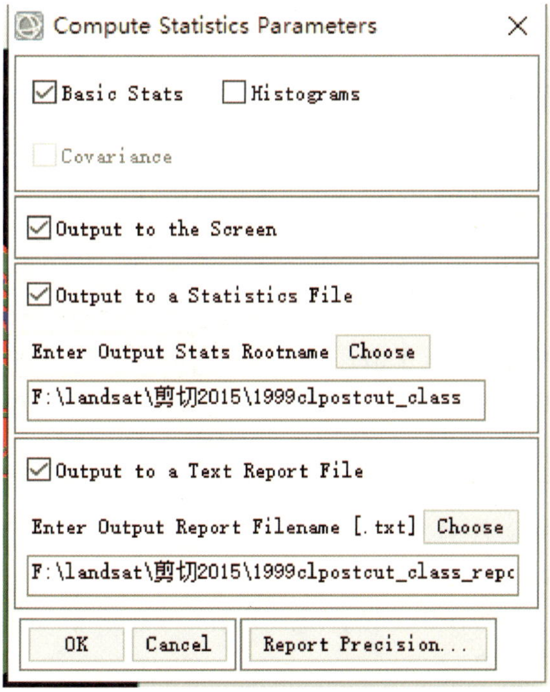

图 2-57　选择保存路径和文件名

（4）将上一步保存的文本文档打开，统计的各项数据如图 2-58 所示，蓝色选中部分为该类型的面积。

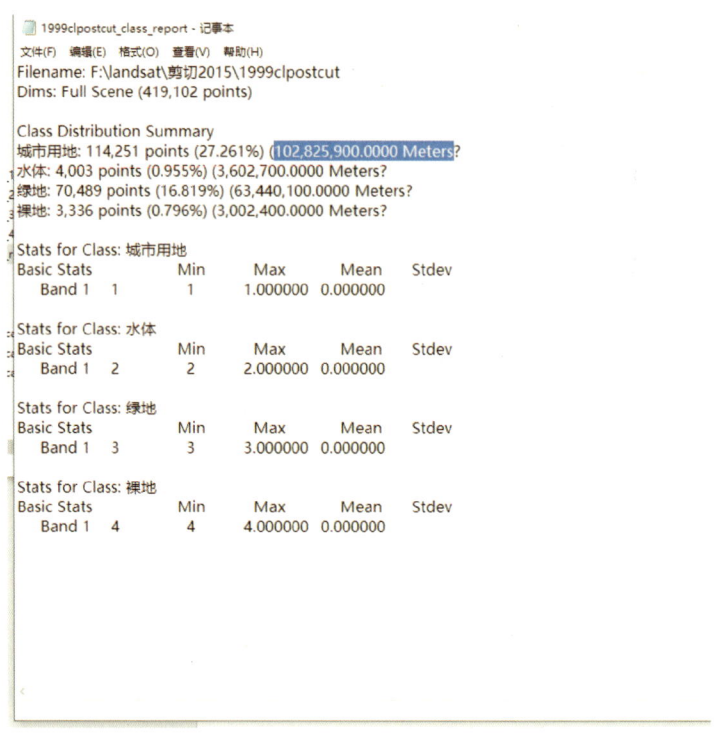

图 2-58　各项统计数据

## 五、专题地图的制作

### （一）输出分类后处理的图像

（1）如图 2-59 所示，在"Layer Manager"窗口中选中"1999clpostcut"图层，单击右键，选择【Export Layer to TIFF...】（输出为 TIFF 格式）。

（2）如图 2-60 所示，在打开的"Export Layer To TIFF"窗口中，点击【...】设置保存路径和文件名，这里保存于"landsat \ class1data \ TIFF"

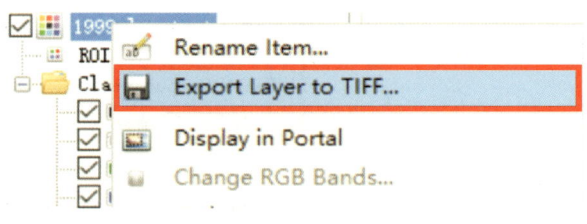

图 2-59　输出为 TIFF 格式

文件夹下，并命名为"1999.tif"，设置完成后在"Export Layer To TIFF"窗口中点击【OK】，完成保存后关闭 ENVI 5.3。

图2-60 完成保存

## （二）快速制图

（1）在开始菜单中找到 ENVI Classic 5.3（64-bit），点击打开。

（2）如图2-61所示，依次点击菜单栏中的【File】【Open Image File】打开"Enter Data Filenames"窗口，找到之前保存的"1999.tif"文件，点击【打开】，加载"Available Band List"窗口。如图2-62所示，

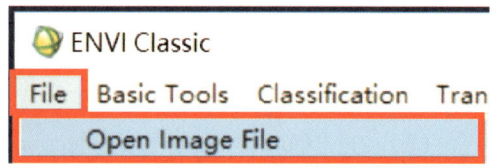

图2-61 打开"Enter Data Filenames"窗口

在打开的"Available Band List"窗口中点击【Load RGB】显示图像。图像加载成功后会显示在一个单独的视图窗口中。这里显示的窗口名称为"#1（R：R，G：G，B：B）：1999.tif"。

（3）如图2-63所示，点击"#1（R：R，G：G，B：B）：1999.tif"窗口菜单栏的【File】【QuickMap】【New QuickMap】选项来打开快速制图面板"QuickMap Default Layer"。

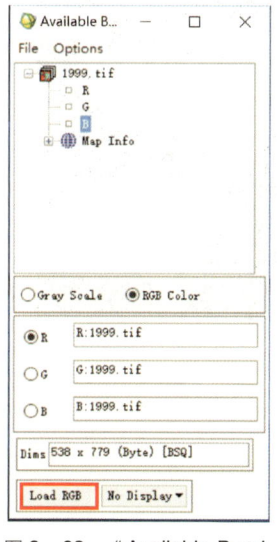

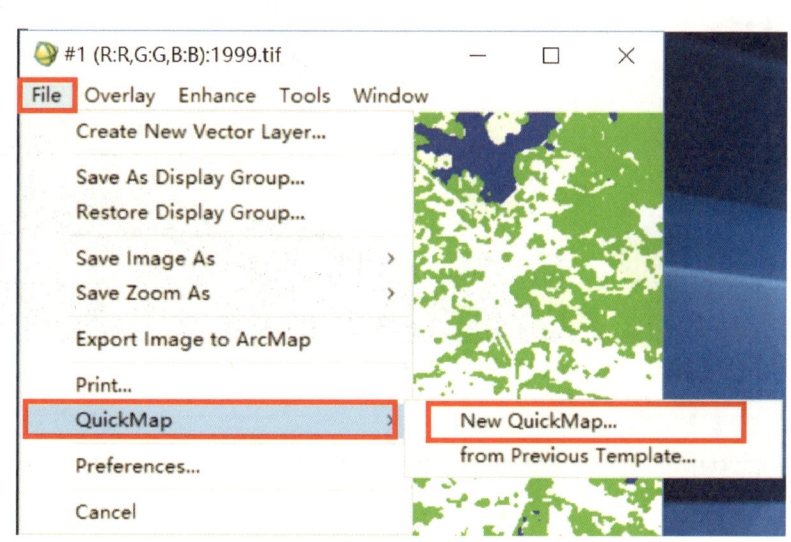

图2-62 "Available Band List"窗口

图2-63 "#1（R：R，G：G，B：B）：1999.tif"窗口

（4）如图 2-64 所示，在快速制图面板中将单位由"inches"换成"cm"，并设置"Width"为 30cm，"Height"为 40cm，设置完成后点击【OK】，打开"QuickMap Image Selection"（快速制图图像显示选择）窗口。

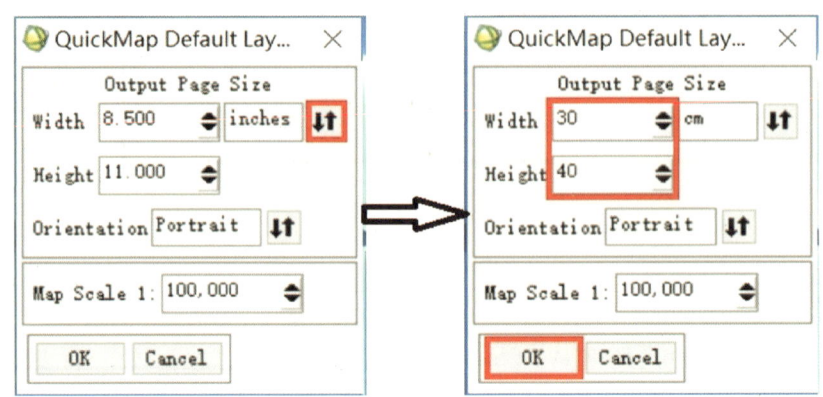

图 2-64　设置相关数据

（5）在"QuickMap Image Selection"窗口中，通过拖拽控制图像中的红色框线，使之框选整个图像，如图 2-65 所示，完成后点击【OK】，打开"QuickMap Parameters"（快速制图参数设置）窗口。

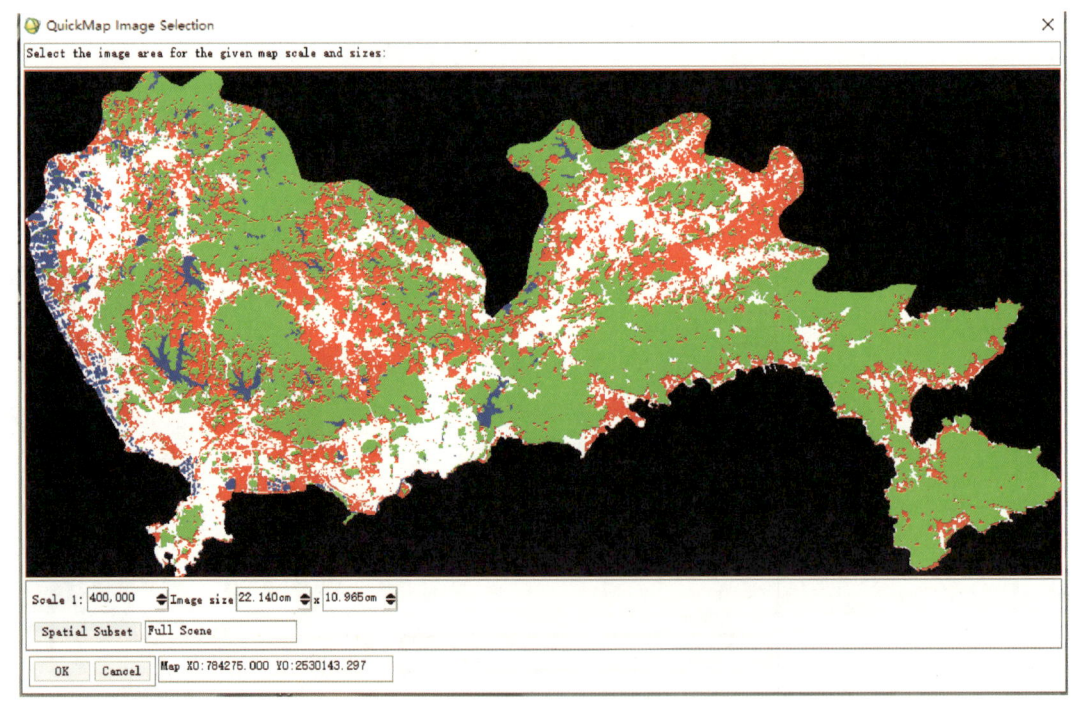

图 2-65　打开"QuickMap Parameters"窗口

（6）如图 2-66 所示，在"QuickMap Parameters"窗口中，对各项参数进行如下设置：

①在"Main Title"（主标题）中输入：深圳市1999年土地利用专题图；

地图投影：UTM，Zone，49N；

像元大小：30 Meters；

基准面：WGS-84；

椭球面：WGS_1984。

②将主标题的"Font"（字体）改为：Ture Type 81-100→Microsofe YaHei，字体大小改为60pt；

③在"Lower Left Text"（左下文本框）的空白处点击右键，选择【Load Projection Info】，此时载入图像信息，将英文部分改为中文，并改字体为"Microsofe YaHei"，大小设为30pt；

④确认"Scale Bars"（比例尺）、"Grid Lines"（网格线）、"North Arrow"（指北针）三项被勾选，修改以下参数：

Scale Bars：20pt；

Grid Lines：Font：Hershey Fonts→Roman1 18pt；

Map Grid Spacing：5 000；

North Arrow：选择North Arrow Type。

修改完成后点击【Apply】（不要关闭窗口），此时在制图主窗口中可以预览专题图效果。

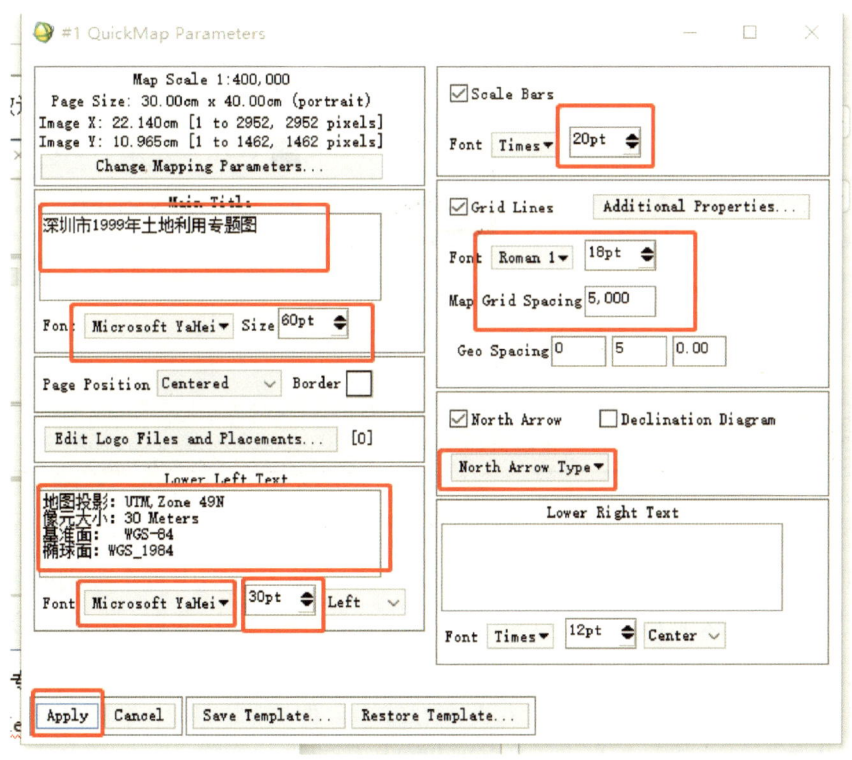

图2-66 设置各项参数

## （三）添加图例

（1）在专题图显示主窗口中的主菜单依次选择【Overlay】【Annotation】，打开"Annotation"窗口。

（2）依次点击"Annotation"窗口菜单栏的【Object】【Text】选项，如图 2 - 67 所示，对其中参数进行如下设置：

Window：选择 Image；
Color 可通过点击换成黑色；
Font：选择 Microsoft YaHei；
Size：选择 14；

（3）参数设置完成后，如图 2 - 68 所示，依次点击"Annotation"窗口菜单栏的【Object】【Map Key】来添加图例注记，在打开的"Annotation：Map Key"窗口中，点击【Edit Map Key Items...】按钮，打开"Map Key Object Definition"窗口。

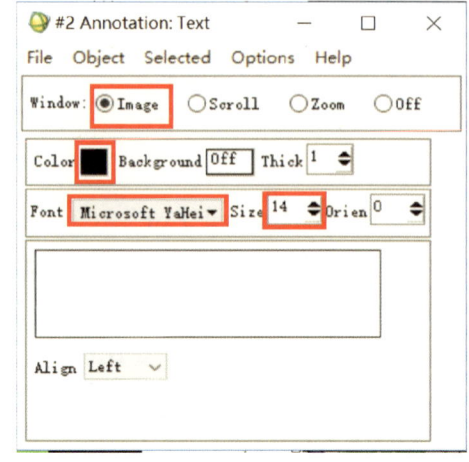

图 2 - 67　参数设置

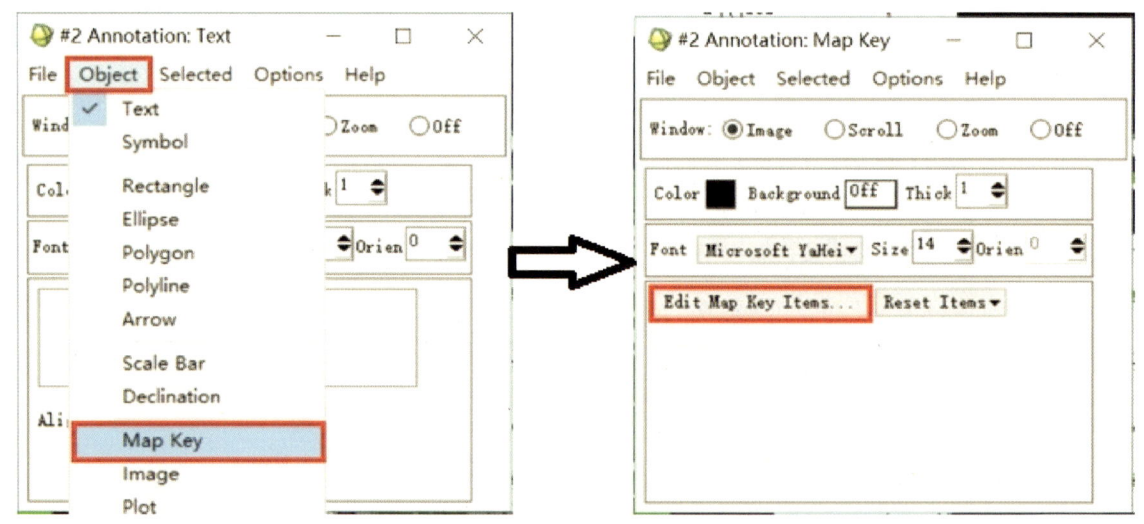

图 2 - 68　打开"Map Key Object Definition"窗口的操作

（4）如图 2 - 69 所示，在"Name"后的输入框中输入分类中每个类别的名字（城市用地、绿地、水体、裸地），在 Color 处对应修改每种分类 RGB 参数（图像分类时记录的参数）。

（5）如图 2 - 70 所示，我们共建立了 4 种分类，而图例注记中默认有 5 个"Item"，选中一个"Item"后，点击下方的【Delete Item】按钮进行删除。

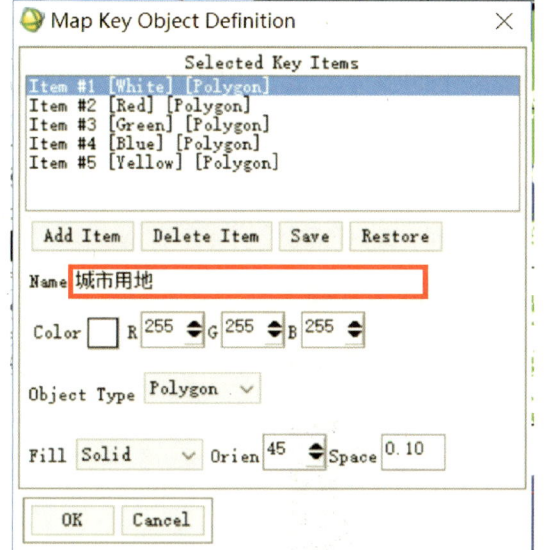
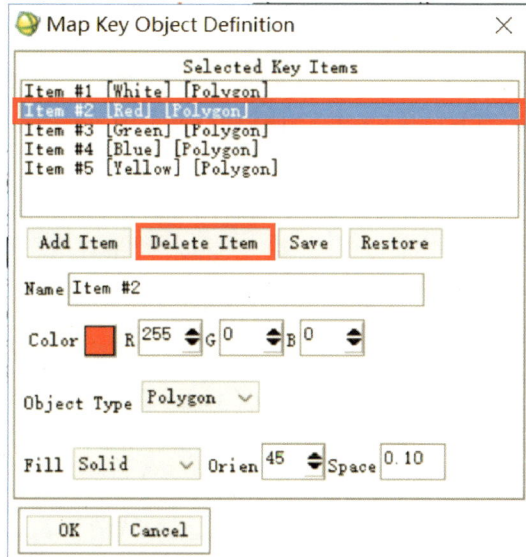

图 2-69　RGB 参数修改　　　　　　　　图 2-70　删除"Item"界面

（6）如图 2-71 所示，所有类别的名字、颜色设置好之后，点击【OK】进行图例添加。在专题图主窗口单击左键选择图例显示位置，我们将图例放置在专题图的右下角，摆放好位置后单击鼠标右键，锁定图例位置，此时图例就添加完成。

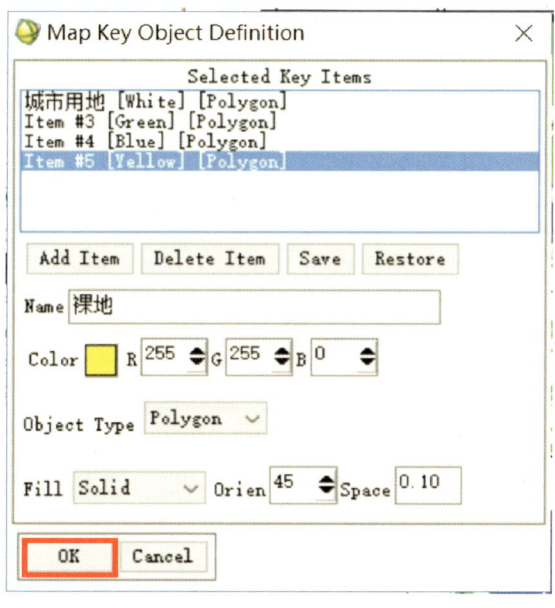

图 2-71　图例添加完成

## （四）保存专题图

（1）如图 2-72 所示，在专题图主窗口的主菜单栏中依次点击【File】【Save Image As】【Image File】，打开"Output Display to Image File"窗口。

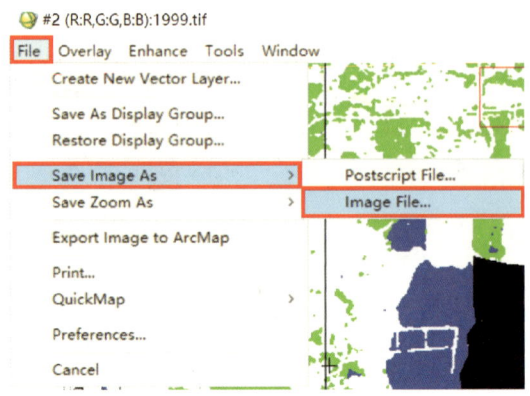

图 2-72　打开"Output Display to Image File"窗口

（2）如图 2-73 所示，在打开的"Output Display to Image File"窗口中，设置"Output File Type"为"PNG"；点击【Choose】，选择输出路径为"class1data\专题图"文件夹，并命名为"1999.png"，完成后点击【OK】，等专题图保存完成后，关闭所有 ENVI 软件窗口。再打开保存的专题图，结果如图 2-74 所示。

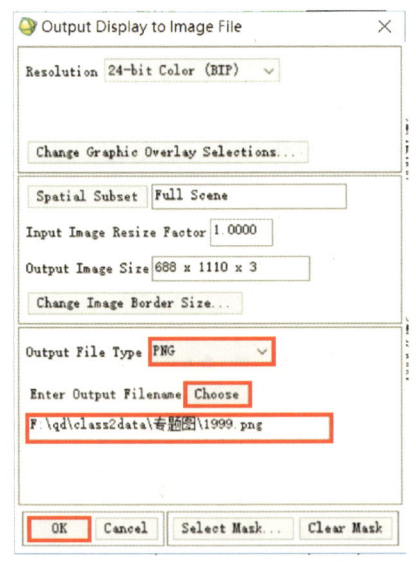

图 2-73　"Output Display to Image File"窗口界面

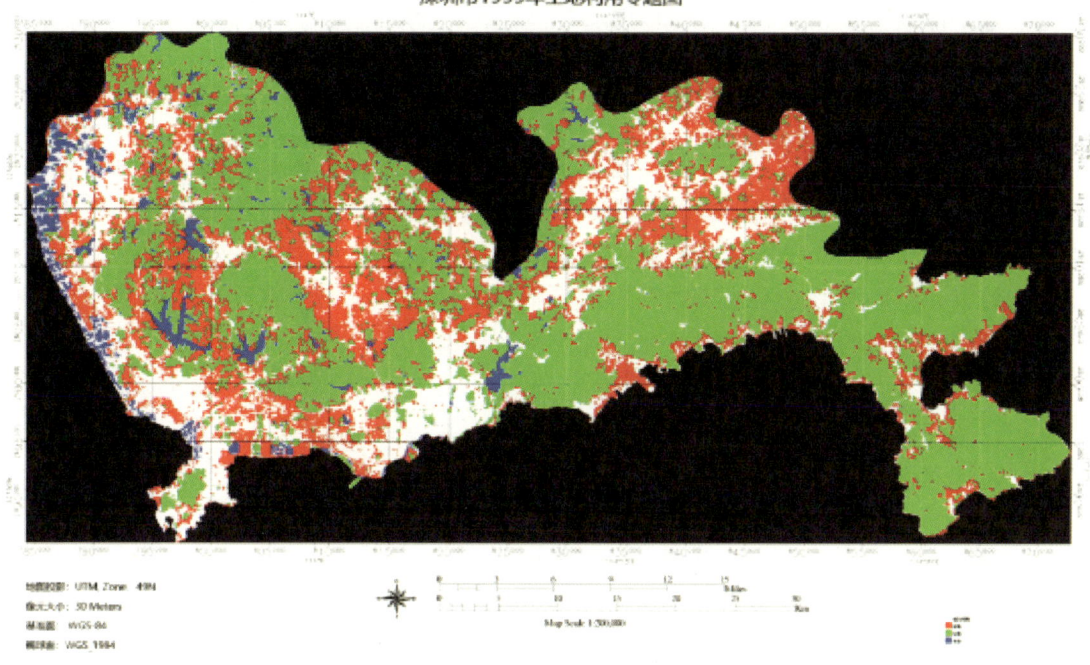

图2-74 打开专题图

## 第三节 土地利用现状分析

### 一、土地利用现状分析的作用和内容

土地利用现状分析是指在一个区域自然、社会经济条件下对全区域各类土地的利用类型、质量；不同的土地利用方式、土地利用结构与布局；土地的利用生产率和利用率等方向做出分析，明确本区域土地资源潜力及特点，以及土地利用的经验与存在的问题，为土地利用规划提供科学依据。

（一）土地利用现状分析的作用

（1）有利于摸清土地利用的特点。通过对土地利用现状的数据结构分析，能清楚了解区域内各类土地的比例，了解区域内土地开发的特点；通过土地类型的布局分析，更加清楚区域内各类土地的利用特点，对规划各类用地的合理布局具有一定的指导意义。

（2）有利于发现土地利用中的问题。各地的土地利用无论从数量结构还是从布局方面都可能存在着不合理的因素，通过对土地现状的分析及土地利用的动态分析，了解区域内各类土地的数量和流量，可以发现土地利用中存在的问题，找出产生问题的原因，以便于在土地利用总体规划中进行考虑、解决，更好地为确定合理的土地利用规划指标服务。

（3）有利于节约集约利用土地资源。节约集约利用土地资源是土地利用总体规划的核心内容，因而对土地利用现状的节约集约利用水平进行分析评价也成为土地利用现状评价中不可或缺的重要内容之一。重点分析建设用地、存量用地、低效利用土地和闲置土地的数量、布局和形成土地集约利用水平不高的原因，有利于在土地利用总体规划中提出合理的节约集约利用土地的目标、措施和手段。

### （二）土地利用现状调查的主要内容

（1）查清村和农、林、牧、渔场以及居民点的厂矿、机关、团体、学校等企事业单位的土地权属界限和村以上各级行政辖区范围界限。

（2）查清土地利用类型及分布，量算各类土地面积。

（3）按土地权属单位及行政辖区范围等，汇总土地总面积和各地类面积。

（4）编制土地利用现状图（县、乡两级）和土地权属界线图（县、乡两级）。

## 二、土地利用现状分析准备

在这里我们将土地划分为城市用地、绿地、水体、裸地四个种类对深圳市土地进行分类。以南山区人口分布和经济发展为切入点，对广东省深圳市南山区近30年来的土地开发和利用进行分析。

（1）制作面积统计图。

在经过专题地图的制作后可以将分类后的不同种类的地块的面积进行统计，如表2-2所示。

为了对下表数据有更加直观的表现，需要以折线图的形式进行展示，如图2-75所示。

表2-2 面积统计表

|  | 1989 年 | 1999 年 | 2005 年 | 2009 年 | 2015 年 |
| --- | --- | --- | --- | --- | --- |
| 城市用地（$km^2$） | 256.798 | 678.672 | 875.772 | 1026.225 | 1166.157 |
| 绿地（$km^2$） | 838.543 | 642.123 | 491.076 | 448.884 | 409.104 |
| 水体（$km^2$） | 44.145 | 59.229 | 120.951 | 59.607 | 42.363 |
| 裸地（$km^2$） | 142.56 | 151.587 | 438.012 | 193.995 | 111.087 |

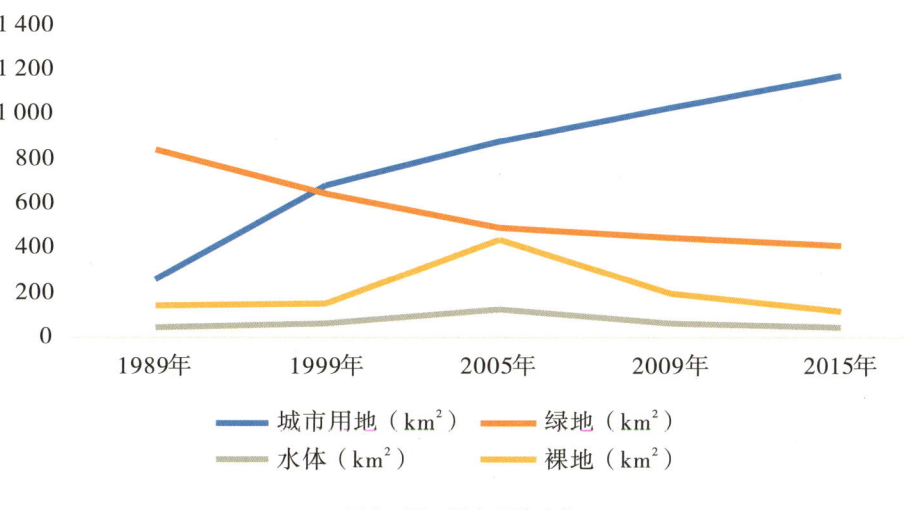

图 2-75 城市用地变化

从图中我们可以看出近 30 年城市用地的建设面积是逐年上升的，绿地面积是逐年下降的，水体和裸地的面积变化趋势基本一致，大体上呈现出下降趋势，但在 2005 年出现小幅的上升随后开始下降。

（2）计算变化率。

土地利用变化情况通常采用变化量、年均变化速率与年变化率来描述，变化量指面积变化的数量；年均变化速率指一定时间范围内年均面积变化的数量特征；年变化率指一定时间范围内土地类型变化的速率。

| A | B | C | D | E | F | G | H | I |
|---|---|---|---|---|---|---|---|---|
|  | 1989年 | 1999年 | 2005年 | 2009年 | 2015年 | 变化量（km²） | 年均变化率（km²/h） | 年变化率 |
| 城市用地（km²） | 256.798 | 678.672 | 875.772 | 1026.225 | 1166.157 | 421.874 | 42.1874 | 16.428243214 |
| 绿地（km²） | 838.543 | 642.123 | 491.076 | 448.884 | 409.104 | -196.42 | -19.642 | -2.342396275 |
| 水体（km²） | 44.145 | 59.229 | 120.951 | 59.607 | 42.363 | 15.084 | 1.5084 | 3.416921509 |
| 裸地（km²） | 142.56 | 151.587 | 438.012 | 193.995 | 111.087 | 9.027 | 0.9027 | 0.633207071 |

其中变化量 = 1999 年面积减去 1989 年面积

年均变化速率 = 变化量/年数

年变化率 = 年均变化率/1999 年面积

请同学们计算第二阶段（1999—2005 年）；第三阶段（2005—2009 年）；第四阶段（2009—2015 年）这三个阶段的变化量、年均变化率、年变化率。

参考答案如下（见表 2-3）：

表 2-3 参考答案

| 第二阶段 | | | 第三阶段 | | | 第四阶段 | | |
| --- | --- | --- | --- | --- | --- | --- | --- | --- |
| 变化量（km²） | 年均变化率（km²/h） | 年变化率（%） | 变化量（km²） | 年均变化率（km²/h） | 年变化率（%） | 变化量（km²） | 年均变化率（km²/h） | 年变化率（%） |
| 197.1 | 32.85 | 4.84 | 150.453 | 37.613 | 4.295 | 139.932 | 23.322 | 2.272 |
| -151.047 | -25.174 | -3.92 | -42.192 | -10.548 | -2.1479 | -39.78 | -6.63 | -1.48 |
| 61.722 | 10.287 | 17.368 | -61.344 | -15.336 | -12.679 | -17.244 | -.874 | -4.821 |
| 286.425 | 47.738 | 31.491 | -244.017 | -61.004 | -13.927 | -82.908 | -13.818 | -7.122 |

## 三、土地利用时空演变分析

图 2-76 至图 2-80 分别为深圳市南山区 1988、1999、2005、2009、2015 年土地利用专题图。

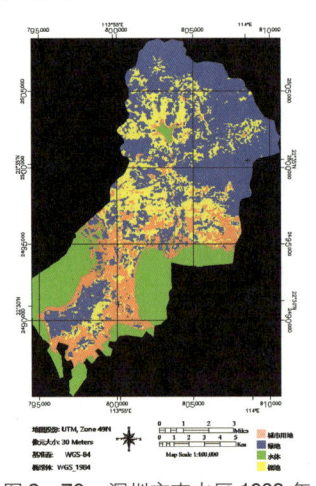

图 2-76 深圳市南山区 1988 年土地利用专题图

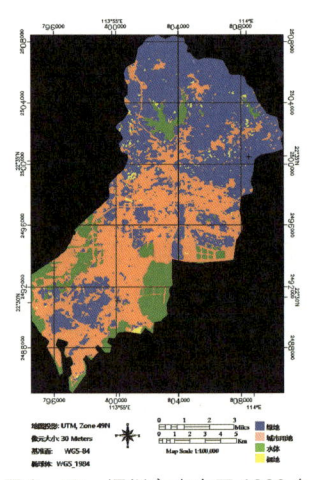

图 2-77 深圳市南山区 1999 年土地利用专题图

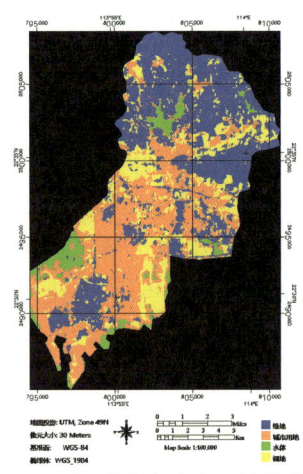

图 2-78 深圳市南山区 2005 年土地利用专题图

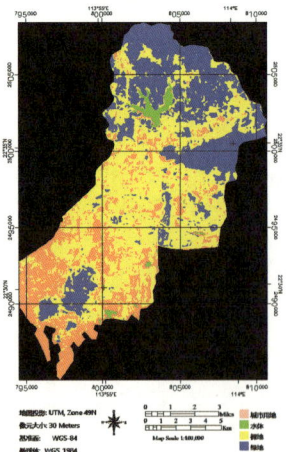

图 2-79 深圳市南山区 2009 年土地利用专题图

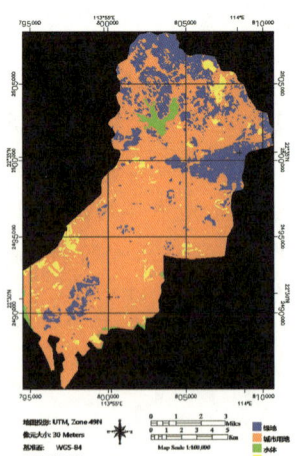

图 2-80 深圳市南山区 2015 年土地利用专题图

从图中可以看出，在研究时期内植被和水体面积呈递减趋势，建设用地面积急剧膨胀，裸地面积波动减少。依据南山区城市发展的特点，将研究时期分为四个发展阶段：

第一发展阶段（1988—1999年）：此阶段是南山区城市用地面积增长最多的时间段。南山区的开发正处于起始阶段，快节奏的发展促使大片的绿地和裸地被开发成城市建设用地，城市建设用地面积显著增加。1988、1999年的城市用地面积分别为256.798 $km^2$、678.672 $km^2$，净增长城市用地面积超过30 $km^2$，年均变化量为42 $km^2$。

第二发展阶段（1999—2005年）：1999—2005年是南山区的开发提速阶段。为了响应该时段的经济、产业、人才引进的目标，南山区开展前海和后海填海计划以扩展城市用地面积，开始规划建设快速吸纳人才的平台，绿地面积变化率呈-3.92%的年增长现象。由表2-3及遥感专题图分析得出裸地的年变化率最高，约为31.5%，年均增长47.7 $km^2$，为下一阶段城市建设做准备。

第三发展阶段（2005—2009年）：该阶段南山区正处于改造优化阶段，大力发展旅游业，塑造城市滨海天际线，滨海大道南侧形成国际性的旅游海滨带。由图2-79与图2-80叠加分析得到大量裸地面积转入城市用地面积，这段时期变化率最大的土地类型为裸地，年均以61 $km^2$的速度缩小。由于"城中村"改造和居住环境的改善等措施，吸引了众多劳动力，这些措施为2009年以后人口激增做准备。

第四发展阶段（2009—2015年）：该阶段的南山区处于发展强化阶段。经济的发展刺激了人口的增长，而人口的变化和分布是影响土地利用变化的重要因素，人口因素成了该阶段变化的重要驱动力。科技创新产业和高新技术制造产业的引入和发展推动了工业产值的稳步上升，一方面使得不断增加的企业与工厂占用了大量耕地，另一方面，人口的激增反作用于基础设施用地的增加，迫使建设用地不断向外扩张，6年期间城市建设面积净增长了139.932 $km^2$。同时，为了提高影响力，南山区逐步开发林地，建设城市地标性建筑和地标性设施，绿地面积每年以6.63 $km^2$的速度缩小，总变化量达39.78 $km^2$。

## 四、土地利用变化的驱动因素分析

城市土地利用的变化受多方面因素共同影响，包括自然因素和人文社会因素，而人文社会因素在快速城市化进程的短时间里起主导作用，是导致土地利用变化的主要驱动力，主要包括经济发展因素、人口因素、区位因素、政策因素和生活品质需求因素等。虽然这些综合因素共同促使南山区城市土地利用变更，但不同因子在不同时期里的重要性权重不同，经分析，影响不同阶段土地利用变化的主要因子如下。

第一发展阶段：该阶段是南山区发展的初始阶段，是南山区城市用地面积增长最多的时间段，主要影响因素为区位因素和政策因素。区位上，20世纪80年代南山区凭借着毗邻香港的地理优势条件承接了香港产业的转移，为了水上运输的方便进行填海，扩增了城市建设用地。在政策扶持下，1990年国务院批准深圳市设立南山区，南山区的区域建设由南山片区、南头片区和粤海片区向南山区北部西丽湖和南端蛇口片区推进，逐步进行基础设施建设和外部产业引进，快速建设民用住房，吸引外来人口和务工人员，提高常住人口和流动人口的数量。城市建设用地面积显著增加，大片的绿地和裸地被开发成城市建设用地，这一过程中绿地与裸地的面积减少明显。

第二发展阶段，是南山区开发提速阶段，主要影响因素为经济因素。在产业上，南山区向建设国家级高新技术产业基地的目标发展，在6年内快速引进高新技术产业和建设世界一流的高新技术产业开发区，将粤海街道作为南山区科技创新技术产业园的落址点，吸引外来科技研究人员和高新技术企业，开始进行北京大学深圳研究生院、清华大学深圳研究生院、中国科学院深圳先进技术研究院、哈尔滨工业大学深圳校区的规划建设。但于1998年和2004年修订的《土地管理法》限定了耕地数量的红线，这客观的改变了土地的利用方式，城镇建设用地使用面积主要通过土地整治和填海的方式增加。同时，为了发展海运，南山区在蛇口和后海片区进行大面积的填海，包括前海填海计划和后海填海计划，均对南山区城市用地的影响重大。

第三发展阶段是改造优化阶段。在产业改造上，南山区通过强化华侨城景区与深圳湾的空间渗透，塑造城市滨海天际线，滨海大道南侧形成国际性的旅游海滨带，大量的裸地以高达13.90%的负增长率速度转入城市建设用地，城市建设用地以每年86.89$km^2$的速度向外扩张。随着深圳经济的飞速发展，"城中村"作为中低等收入人群的落脚点，加快了其改造的步伐，南山区结合华侨城服务设施的配套建设，开展农民住宅公寓化改革及完善居住设施建设。"城中村"的整改和环境优化改善了南山区的居住环境，进一步提高了其常住人口数量。

第四发展阶段下的南山区处于发展强化阶段，人口因素成了该阶段变化的重要驱动力。

目前，南山区由原先的高速发展改为整合，追求市民生活品质成为土地利用变化的另一大驱动因素。在产业产出上，南山区进一步整合高新技术产业，加快后海等重点片区的开发建设，打造湾区总部经济带，提高单位土地的GDP产出。在提升幸福感上，南山区正致力于进一步提高市民的生活体验和满意程度，建设公园、艺术馆、博物馆、图书馆等公共设施，这同样反映在"深圳市南山区2015年土地利用专题图"上复现的大片绿地覆盖区域。

## 五、总结

南山区的区域绿化率持续下降，影响了南山区的居住环境；盲目的对土地进行开垦，使得南山区初期的土地类型多样且繁杂，没有使土地得到最好的、最大化的利用。南山区的建设用地已接近饱和。因此，对南山区后期的发展规划和当前治理就显得尤为重要。对南山区的未来发展，提以下几点建议：

（1）通过稳定南山区目前的发展格局，减缓南山区建设用地扩张的速度：在南山区开发的过程中，注意南山区原本的生态平衡，规划安全生态保护线，在提高南山区经济实力的同时，注意进行合理化、有序化、集成化的发展。

（2）对南山区目前的建设进行整改：重点整改南山区范围内的危楼、"三不净"商铺和"城中村"，改善市民居住环境，对占地面积大但利用率低的房屋进行重新利用和建设来提高南山区的人口就业数量，提高南山区单位土地的GDP产值，降低城市用地扩张对林地、自然公园、水体的影响。

（3）加快南山区基础设施建设：在南山区范围内大范围建设基础设施，进一步扩张地铁、公交、出租车等交通设施的运营范围，促进南山区各街道和地区的协调发展和沟通。

# 第三章

## 粤港澳大湾区教育资源空间分布研究

### 第一节 了解 ArcGIS

ArcMap 是一个用户桌面组件，具有强大的地图制作、空间分析、空间数据建库等功能。是美国环境系统研究所（Environment System Research Institute，ESRI）于 1978 年开发的 GIS 系统。ArcGIS Desktop 由三个用户桌面组件组成，即：ArcMap、ArcCatalog、ArcToolbox。

### 一、ArcMap 界面介绍

如图 3-1 所示，打开 ArcMap 后其界面分布大致可分为 6 项。主要包括菜单栏、工具条栏、图层窗口、数据视图窗口、目录窗口以及地图单位栏。其中数据视图窗口左下方还包括视图切换选项，目录窗口的右侧可以固定工具箱，方便将目录窗口切换成各个工具箱。

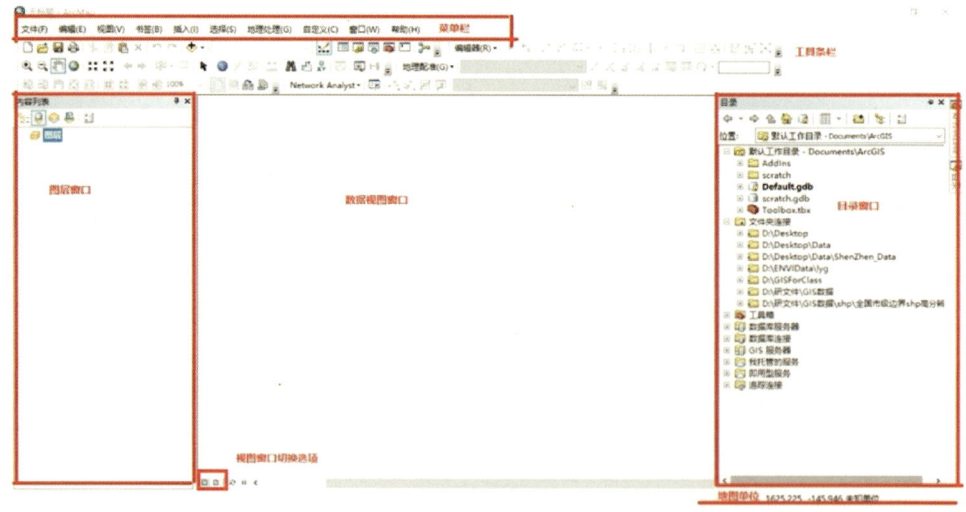

图 3-1 ArcMap 界面

如果你的 ArcMap 界面与上图所示看起来不一样，不用在意，这不会对练习的结果产生影响（根据个人习惯，每个人的操作界面或多或少会存在差异）。当你在 ArcMap 中进行各种操作时，你的操作对象是一个地图文档。一个地图文档可以包含多个数据框架，根据数据集依次形成数据框架。一个地图文档是存储在扩展名为 .mxd 文件中，也就是说当你依次点击【文件】【保存】时，你的地图文档保存的格式是 .mxd 格式。

## 二、数据加载的几种方式介绍

ArcMap 中数据加载大致可分为两种，一种是通过菜单栏的【文件】选项进行加载。另一种是通过在目录窗口进行文件夹连接，再通过拖拽的方式加载到数据视图窗口中。

（1）如图 3-2、图 3-3 所示，依次点击【文件】【打开】，可以打开 .mxd 文件格式结尾的文件。

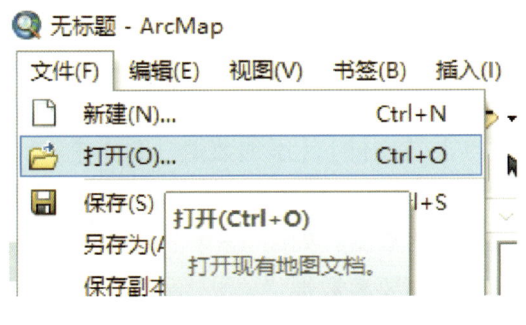

图 3-2　依次点击【文件】【打开】

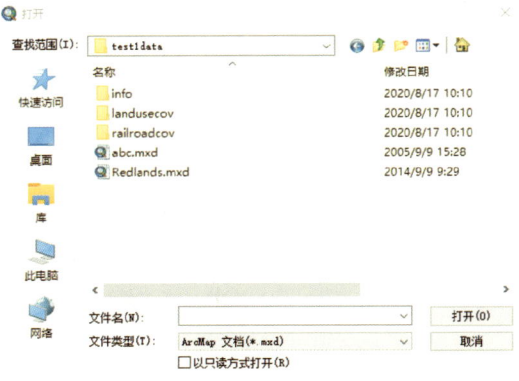

图 3-3　打开 .mxd 文件格式结尾的文件

（2）如图 3-4 所示，打开后在窗口的左上角会显示打开的该地图文档的名称。在图层窗口中会显示该地图要素的所有图层，视图窗口中则显示地图，右下角的地图单位则会显示该地图的地图单位。

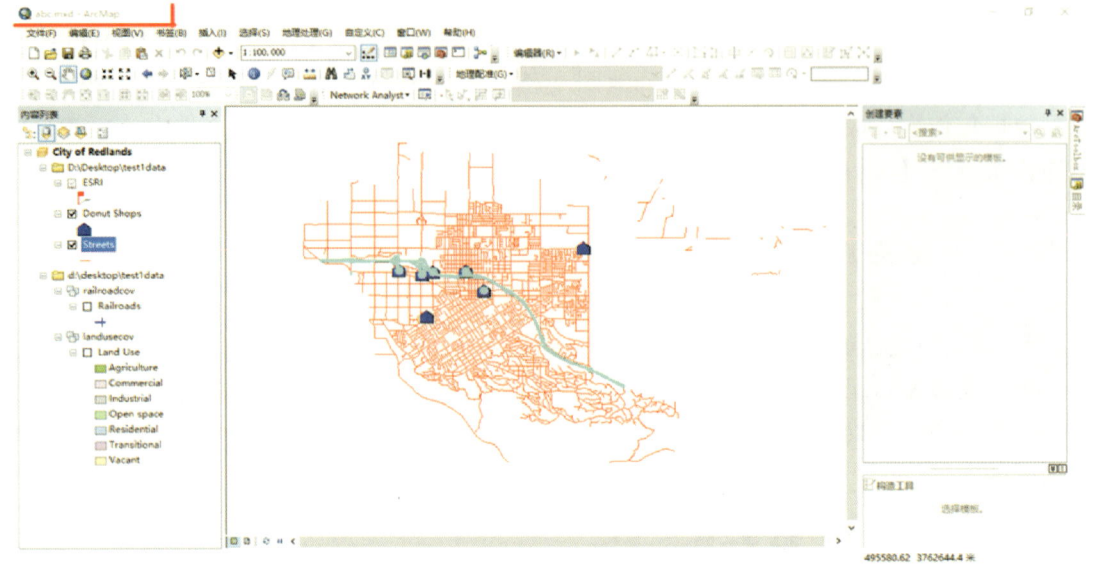

图 3-4 打开后的地图

（3）如图 3-5，依次点击【文件】【添加数据（T）】【添加数据（T）...】，打开如下所示的添加数据窗口，可以添加 .shp 结尾的要素类数据、.lyr 结尾的图层数据以及 .xls 结尾的 excel 数据表等格式的数据。如图 3-6 中，图标表示点要素数据，图标表示线要素数据，图标表示面要素数据。

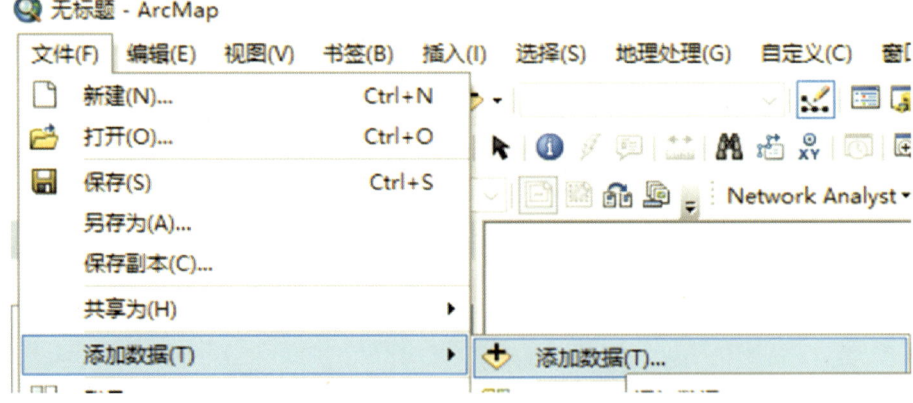

图 3-5 打开添加数据窗口

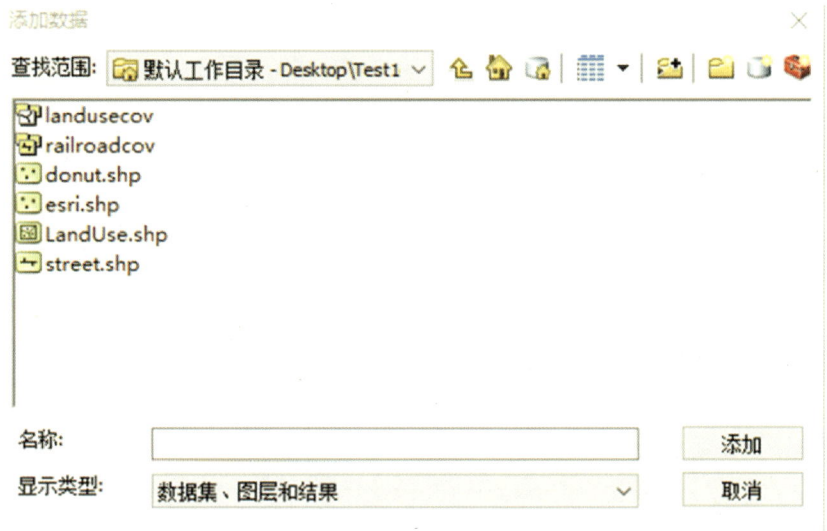

图 3-6 各要素数据

（4）如图 3-7 所示，依次点击【文件】【添加数据】【添加 XY 数据】，可以添加表类型的数据。

图 3-7 添加表类型的数据

## 第二节 ArcGIS 基本操作

### 一、数据添加

（1）依次点击【文件】【添加数据】【添加 XY 数据】，打开如图 3-8 所示的"添加

XY数据"窗口，选择表为"Data"文件夹下的"点坐标.xls"文件里的"点坐标$"表。"X字段"选择X，"Y字段"选择Y。

图3-8 "添加XY数据"窗口

（2）点击下方的【编辑】按钮，打开如图3-9所示的"空间参考属性"窗口，依次选择【地理坐标系】【Asia】【Beijing 1954】（因为该数据表中的点的空间参考系为北京1954地理坐标），点击【确定】按钮返回"添加XY数据"窗口，再点击【确定】按钮添加数据。

（3）在如图3-10所示的提示窗口中，点击【确定】按钮。点数据加载完成后，ArcMap界面如图3-11所示。

图 3-9 "空间参考属性"窗口

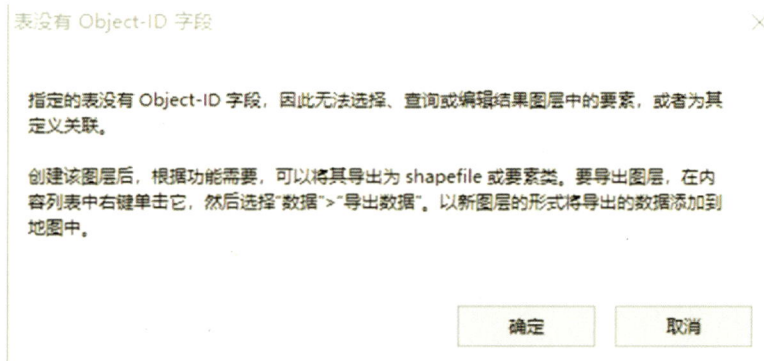

图 3-10 提示窗口

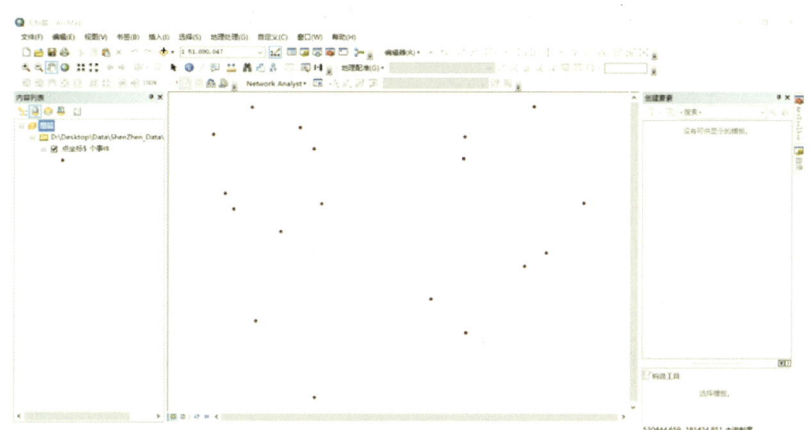

图 3-11 点数据加载完成后的 ArcMap 界面

## 二、数据导出

（1）在图层窗口中右击"点坐标＄个事件"图层，依次选择【数据】【导出数据】，如图 3–12 所示，在打开的"导出数据"窗口中，选择输出要素类的文件夹为"Data \ Practice"，并命名导出文件为"point. shp"，点击【确定】。

图 3–12　"导出数据"窗口

（2）如图 3–13 所示，在提示界面中点击【是（Y）】。

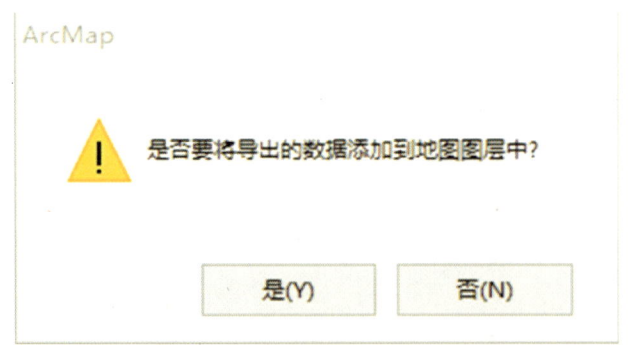

图 3–13　点击【是（Y）】

（3）如图 3–14 所示，在图层窗口中我们可以看到新建的点要素"point"已经被加载进来了。如图 3–15 所示，在目录窗口的"Practice"文件夹下可以看到刚刚新建的点要素。

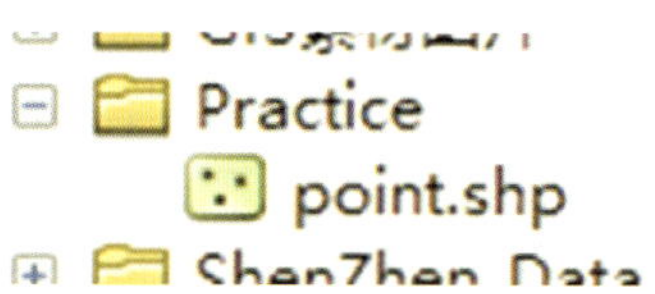

图 3-14 点要素已被加载

图 3-15 "Practice" 文件夹下可见点要素

### 三、要素转换

(1) 点击工具条栏的 图标，打开如图 3-16 所示的 ArcToolbox 工具箱。

图 3-16 打开 ArcToolbox 工具箱

（2）依次点击 ArcToolbox 工具箱中的【数据管理工具】【要素】【要素转点】，打开如图 3-17 所示的"要素转点"窗口，选择输入要素为：point，输出位置为：Data \ Practice，重命名为：ToPoint.shp。点击【确定】。

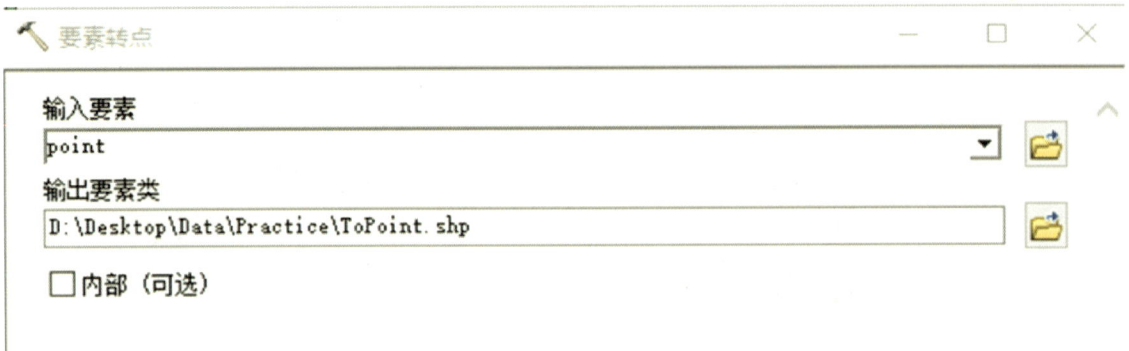

图 3-17　"要素转点"窗口

（3）依次点击 ArcToolbox 工具箱中的【数据管理工具】【要素】【点集转线】，打开如图 3-18 所示的"点集转线"窗口，选择输入要素为：ToPoint，输出位置为：Data \ Practice，重命名为：ToLine.shp。选择线字段为：地块号，勾选闭合线。点击【确定】。成果如图 3-19 所示，点集按地块号自动生成线要素。

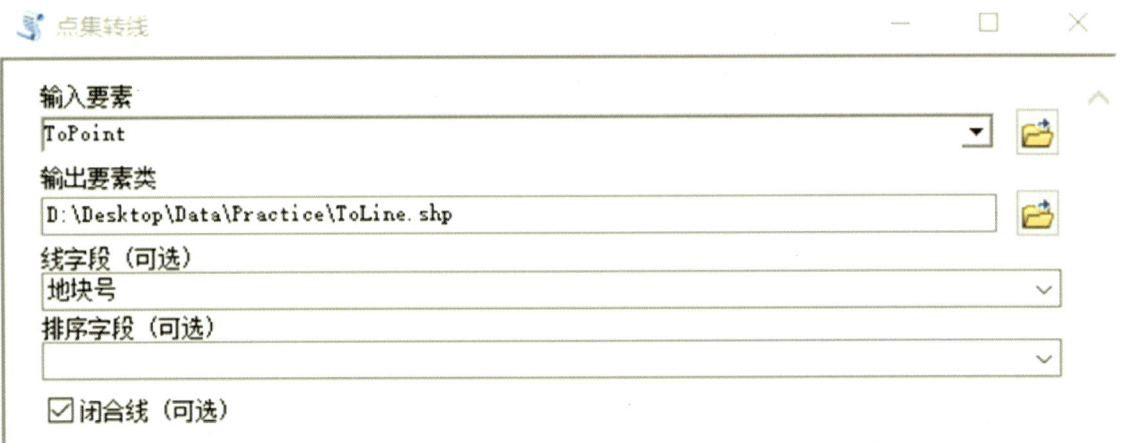

图 3-18　"点集转线"窗口

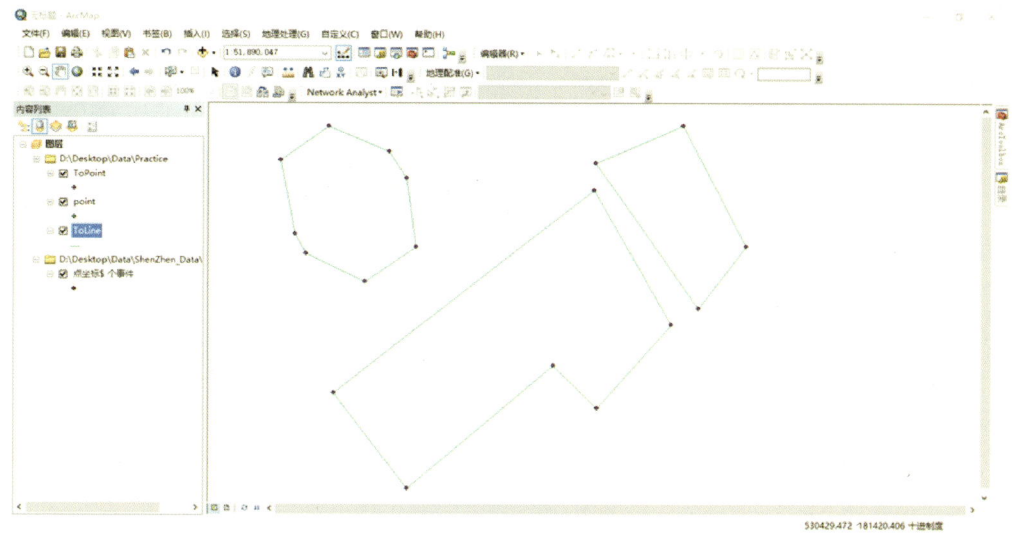

图 3-19　生成线要素

（4）依次点击 ArcToolbox 工具箱中的【数据管理工具】【要素】【要素转面】，打开如图 3-20 所示的"要素转面"窗口，选择输入要素为：ToLine，输出位置为：Data\Practice，重命名为：ToPolygon.shp。点击【确定】。结果如图 3-21 所示，按闭合的线要素所围成的区域生成了面要素。

图 3-20　"要素转面"窗口

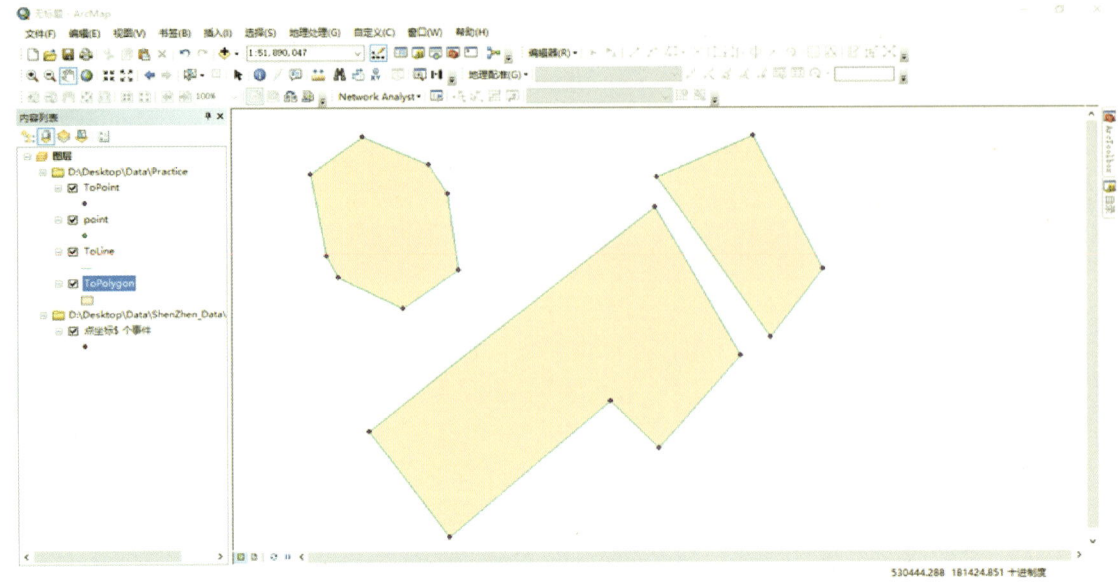

图 3-21 生成面要素

（5）如图 3-22 所示，在目录窗口中的"Practice"文件夹下，也可以看到本次实验生成的点、线、面三个要素类。事实上，在 ArcMap 中，我们对矢量数据的外观就是由点、线、面这三个要素类构成的，再配合上每个要素的属性信息来进行信息表达。

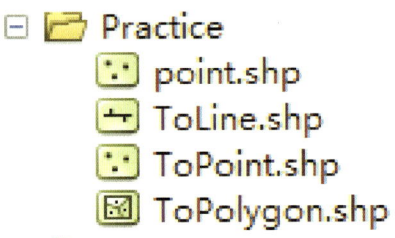

图 3-22 "Practice"文件夹下点、线、面

### 四、属性编辑

（1）右击图层窗口的"To_Polygon"图层，点击【打开属性表】，打开如图 3-23 所示的属性表，依次点击图中红色框选的【表选项】【添加字段】，打开"添加字段"窗口。

（2）如图 3-24 所示，在打开的"添加字段"窗口中，名称中输入"地块号"，选择类型为"短整型"，点击【确定】为属性表添加地块号列。

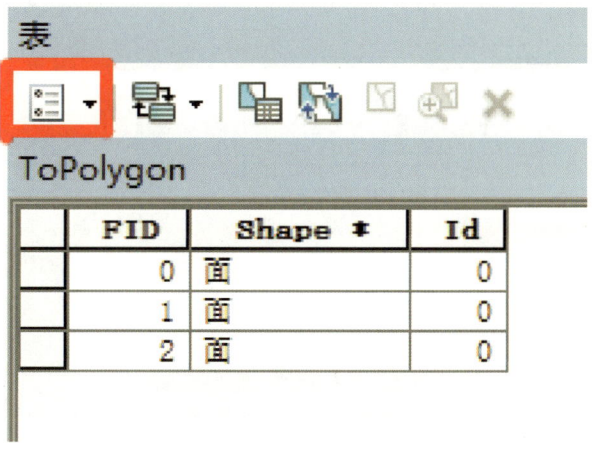

图 3-23 打开属性表

图 3-24 为属性表添加地块号列

（3）如图 3-25 所示，依次点击【自定义】【工具条】，勾选【编辑器】，打开编辑器工具条。

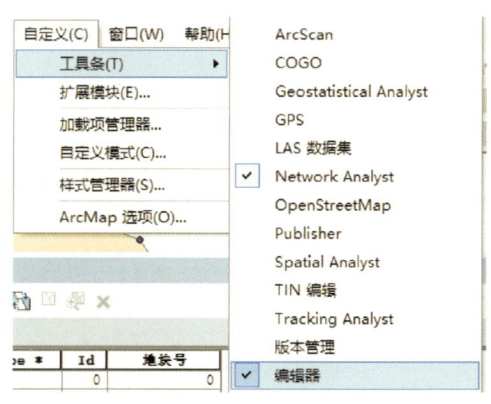

图 3-25 打开编辑器工具条

（4）如图3-26所示，在编辑器工具条中依次点击【编辑器】【开始编辑】。

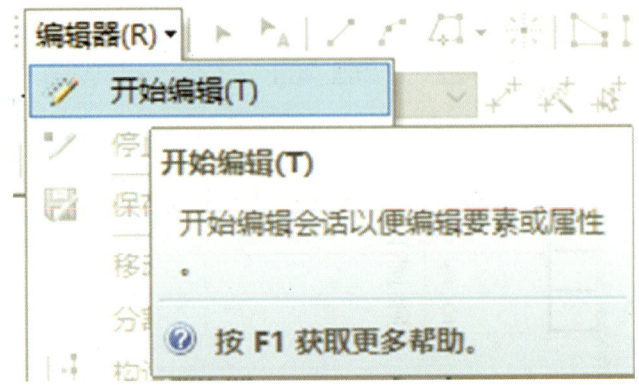

图3-26 编辑器工具条操作界面

（5）如图3-27所示，在打开的"开始编辑"窗口中，选择"ToPolygon"图层，点击【确定】。

图3-27 "开始编辑"窗口

（6）在属性表中的地块号列中添加如图3-28所示的地块号。

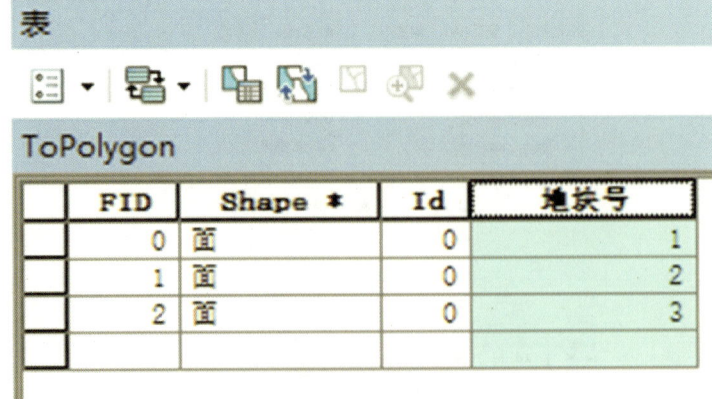

图3-28 添加地块号

(7) 如图 3-29 所示，先依次点击【编辑器】【保存编辑内容】，再依次点击【编辑器】【停止编辑】。以保存表中添加的内容。

(8) 如图 3-30 所示，右击图层窗口的"To_Polygon"图层，依次点击【连接和关联】【连接】打开"连接数据"窗口。

图 3-29 保存表中添加的内容

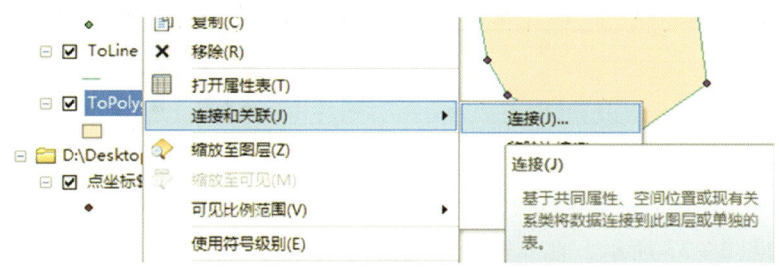

图 3-30 打开"连接数据"窗口

(9) 如图 3-31 所示，在"连接数据"窗口中进行如下设置：
①要将哪些内容连接到该图层（W）：某一表的属性。
②选择要连接到此图层的表，或者从磁盘加载表（T）：选择【点坐标】下的【地块属性 $】。
③选择此表中要作为连接基础的字段（F）：地块号。
④连接选项：点选【保留所有记录（K）】。
⑤完成后点击【确定】。

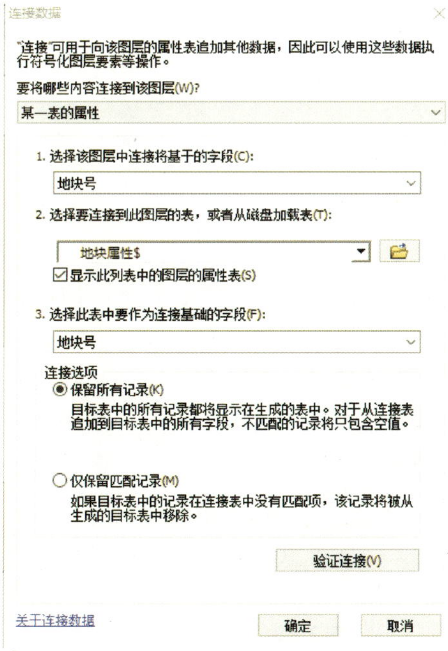

图 3-31 "连接数据"窗口

（10）连接完成后，再打开"To_Polygon"图层的属性表，如图3-32所示，可以看到每个面的属性已被添加进来。

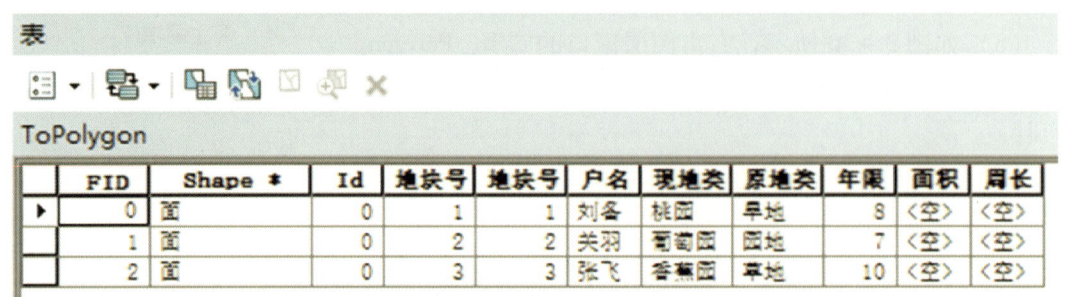

图3-32　面属性已被添加

（11）如图3-33所示，在属性表中选择地块号为3的属性行，在视图窗口中相对应的面要素也会被选中。反过来也是一样。这说明该面要素对应的属性信息就是这行。

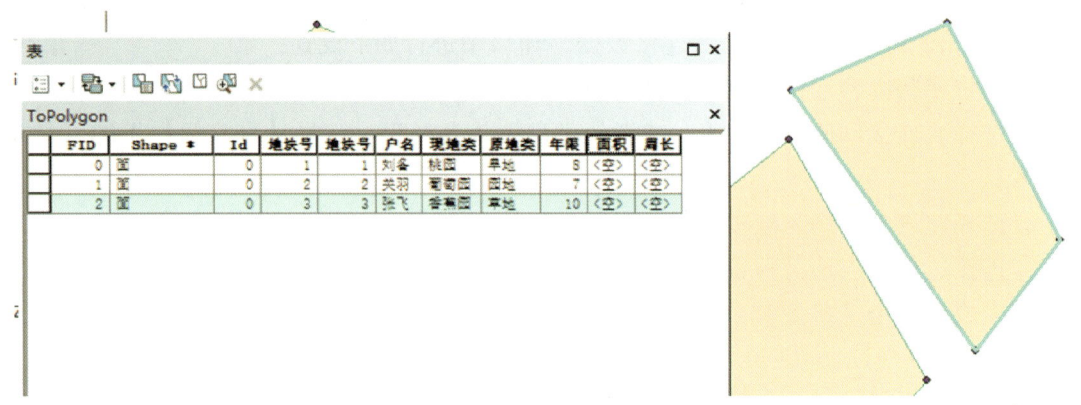

图3-33　选择属性行

## 五、地图文档保存与打开

（1）如图3-34所示，依次点击菜单栏的【文件】【保存】，选择保存路径和文件名

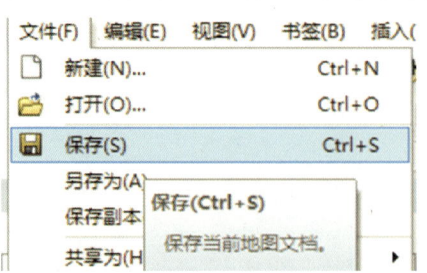

图3-34　保存地图文档

后点击【保存】即可保存当前界面的地图文档，这里我们保存在"Data \ Practice"文件夹下，命名为"基础练习.mxd"。

（2）在"Data \ Practice"文件夹下可以看到名为"基础练习.mxd"，找到 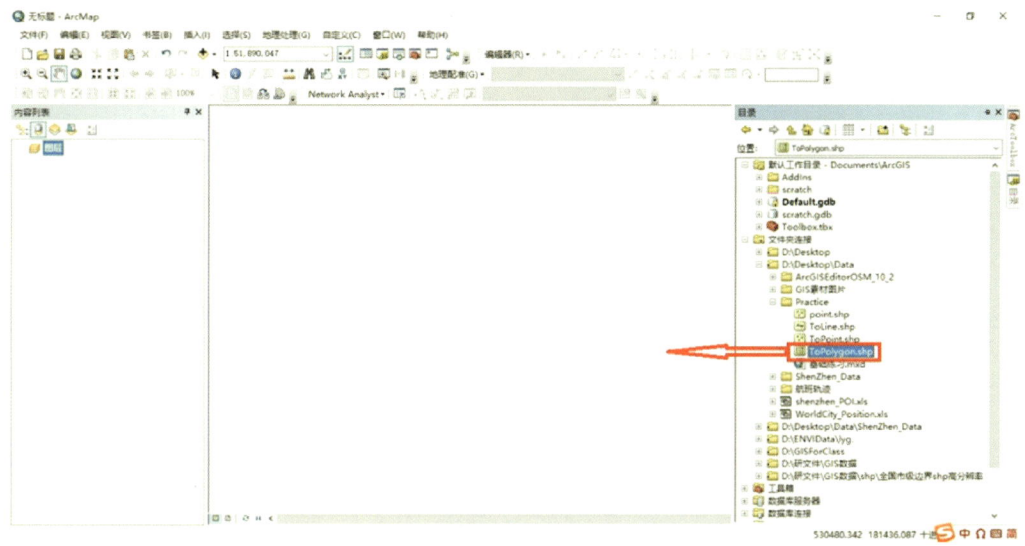 图标文件，双击它即可打开，便可回到原来的工作界面。或者直接打开 ArcMap 软件，如图3-35所示，在"目录"窗口中连接到"Practice"文件夹，将该文件夹下的要素拖拽到视图窗口中打开。

图3-35　打开"Practice"文件夹下各要素的操作界面

## 第三节　教育资源空间分布研究

### 一、数据的预处理

#### （一）行政区划裁剪

（1）打开 ArcMap 10.5 软件，点击菜单栏上的 图标，打开如图3-36所示的"添加数据"窗口，点击"添加数据"窗口上的 （添加文件夹）图标，找到"… \ chp13 \ CN - shi - A"文件夹，点击添加链接，选择该文件夹内名为"CN - shi - A. shp"文件，点击【添加】按钮进行添加。

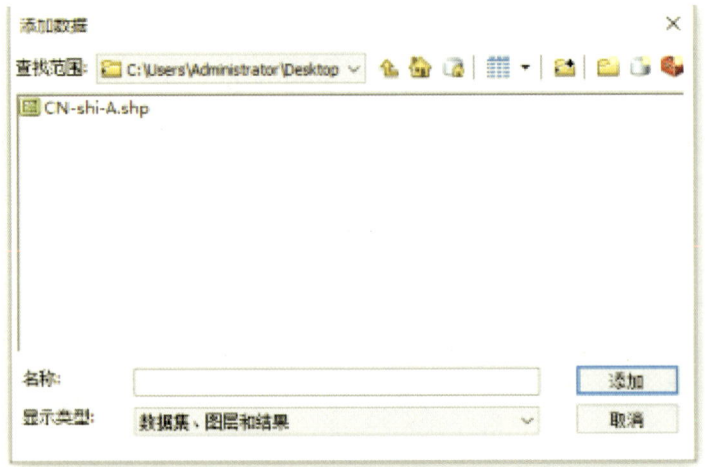

图 3-36 添加文件夹

(2) 如图 3-37 所示，在左侧内容列表区域中右键点击 "CN-shi-A" 图层，在打开的列表中选择【属性（I）…】，打开 "图层属性" 窗口。

图 3-37 打开 "图层属性" 窗口

(3) 如图 3-38 所示，在打开的 "图层属性" 窗口中选择【标注】选项卡，进入标注窗口，勾选 "标注此图层中的要素"，在下方的 "标注字段" 中下拉菜单选择 "CityNameC"，完成后点击【确定】，如图 3-39 所示，可以看到每个图块都显示出它所属的地名。

78

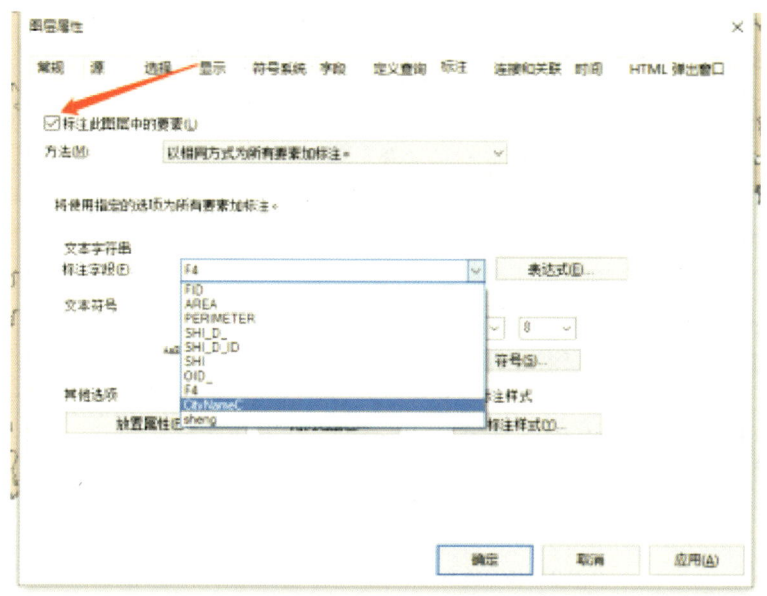

图3-38 "图层属性"窗口

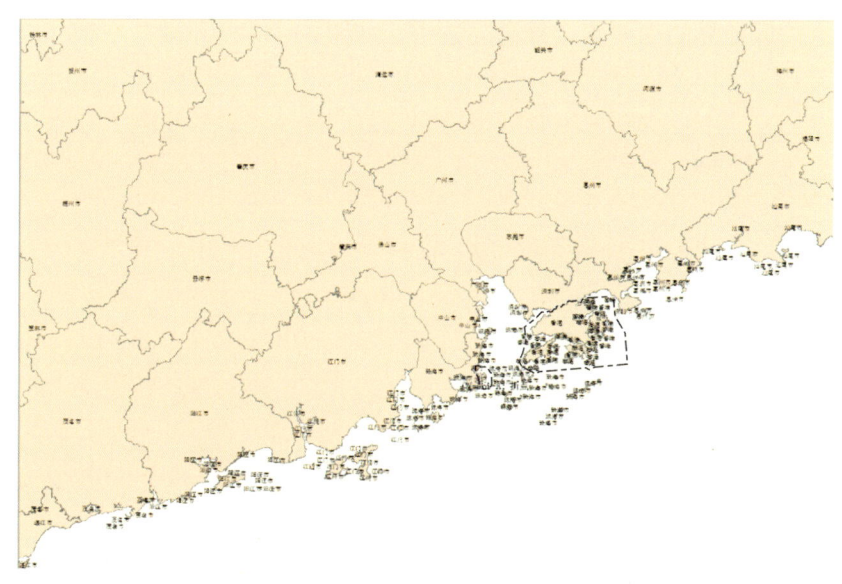

图3-39 显示地名

（4）我们需要选择出包含江门、佛山、肇庆、广州、中山、珠海、广州、东莞、深圳的广东九市加上香港、澳门特别行政区的地块。如图3-40所示，点击工具栏中的"选择要素"图标，选择【按多边形选择（P）】，选取粤港澳大湾区地界的面要素。

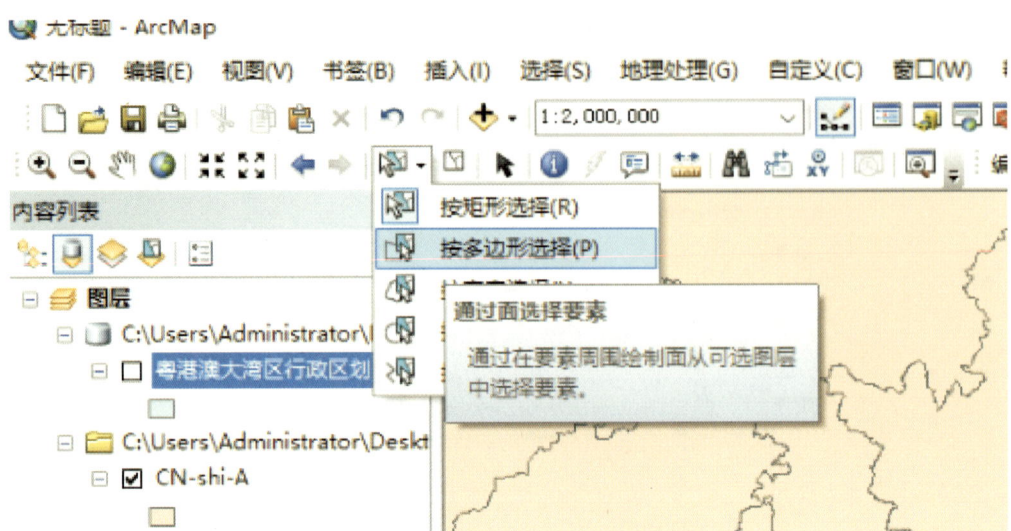

图 3－40　选取粤港澳大湾区地界的面要素

（5）通过点击鼠标开始绘制连续的折线，绘制如图 3－41 所示的多边形。建议从左下角开始绘制，以保证能将所有沿海岛屿选中，绘制完成后双击鼠标左键即可。绘制完成后粤港澳大湾区地界的面要素会被高亮选中，如图 3－42 所示。

图 3－41　绘制多边形

图 3-42 绘制完成后效果图

（6）点击菜单栏上的图标打开 ArcToolbox 工具箱。在 ArcToolbox 工具箱依次选择【分析工具】【提取分析】【裁剪】，打开"裁剪"窗口。

（7）如图 3-43 所示，打开"裁剪"窗口后在输入要素栏中选择 CN-shi-A 图层，裁剪要素栏同样选择该要素，选择输出要素类的路径和名称，完成后点击【确定】。可以得到粤港澳大湾区行政区划。

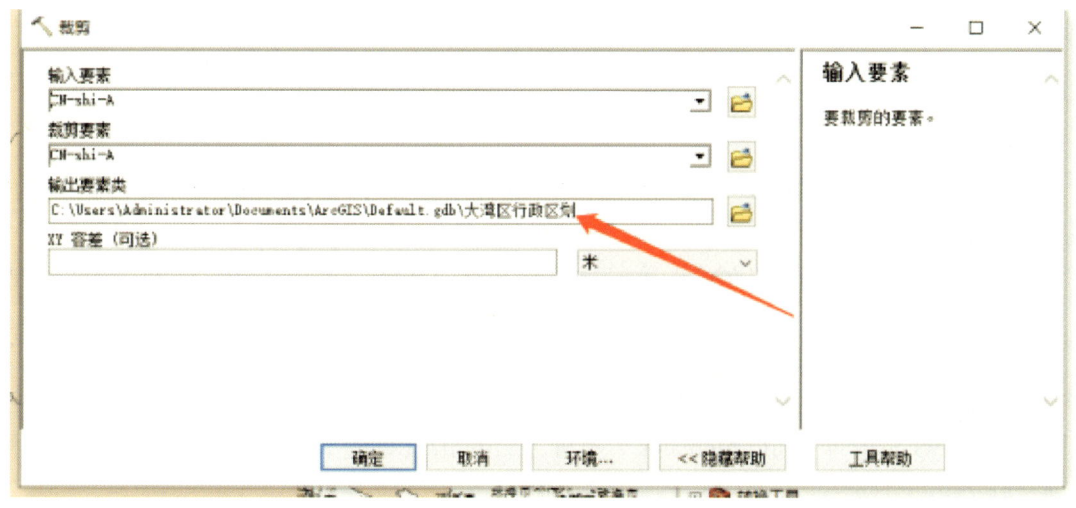

图 3-43 "裁剪"窗口操作界面

## （二）坐标投影变换

打开新图层的属性表后在"源"这一栏可以看到该图层的地理坐标系是"GCS_Krasovsky_1940"，投影坐标系是"Krasovsky_1940_Albers"，如图3-44所示。考虑到作业的规范以及后续空间统计的精度，我们需要将该图层的坐标系转换为国内普遍使用的WGS1984地理坐标系以及基于该坐标系的横轴墨卡托投影。

图3-44 "图层属性"窗口

（1）依次选择 ArcToolbox 工具栏下的【数据管理工具】【投影和变换】【要素】【投影】，打开"投影"窗口。

（2）如图3-45所示，在输入数据集或要素类中选择"大湾区行政区划"图层，设置输出路径和文件名后，点击输出坐标系右侧的按钮  ，打开如图3-46所示的"空间参考属性"窗口，在搜索栏中输入"wgs 1984 world"，注意使用空格隔开，在搜索结果中选择"WGS 1984 World Mercator"坐标系，点击【确定】；完成后在投影窗中选择【确定】。

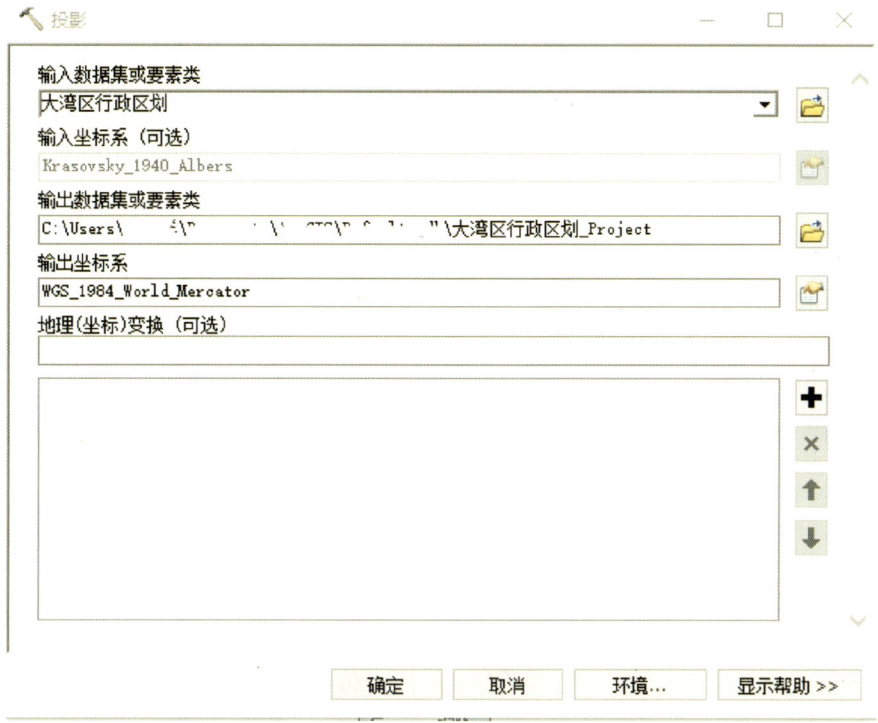

图3-45 "投影"窗口

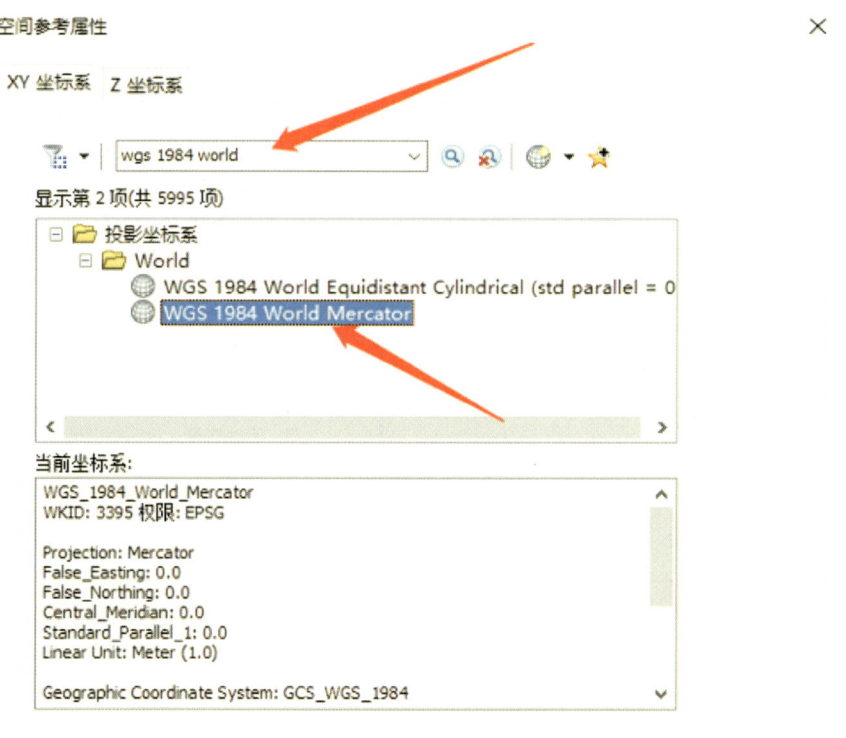

图3-46 "空间参考属性"窗口

### （三）属性编辑

（1）进行城市地块的整合以及市名标记的显示，首先通过右击左侧内容列表中图层，在打开的列表中点击【移除】来移除用不到的图层，留下"大湾区行政区划_Project"图层，也就是转换过坐标系的图层。

（2）整合图层中城市地块：如图3-47所示，右键点击"大湾区行政区划"图层以打开属性表，此时可以看到表中有280条属性信息，因为在ArcGIS中每个独立出来的地块都有其独特的属性信息对应，而图中散布的珠江、江门市的岛屿都有其对应的属性栏，但我们的研究是以大湾区11个城市为基本单位的，如此分散的属性信息没有明确的意义也不利于后续工作的进行。我们点击红色小盒子图标——ArcToolbox，再依次点击【数据管理工具】【融合】，打开"融合"界面。

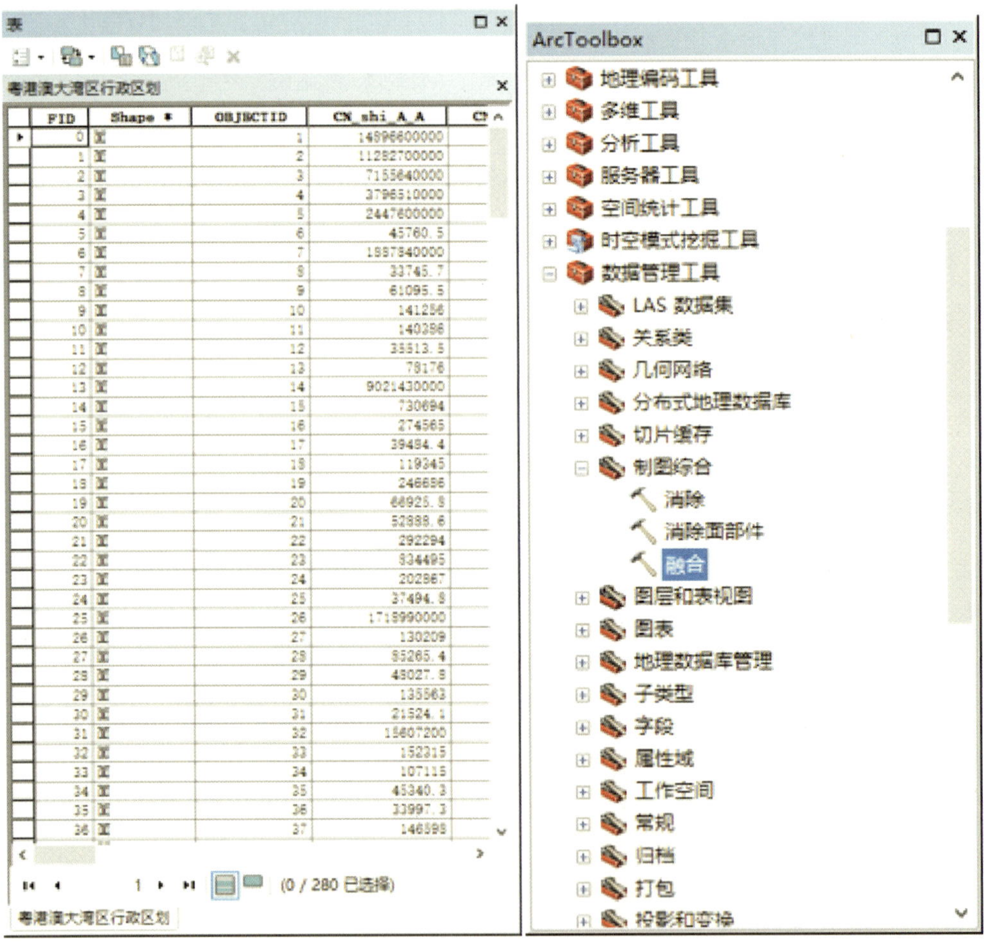

图3-47 打开"融合"界面操作示意

（3）如图3-48所示，在"融合"界面的输入要素栏中，选择输入要素为进行过投影的"粤港澳大湾区行政区划"，在输出要素类栏中选择输出路径和文件名，在融合字段栏中选择包含城市名称的字段"CN_shi_A_C",选择完后点击【确定】。完成后打开属性表,可以看到新生成的图层中只剩下 12 条属性信息,而第一条信息没有城市归属,应该删除。如图 3-49 所示。

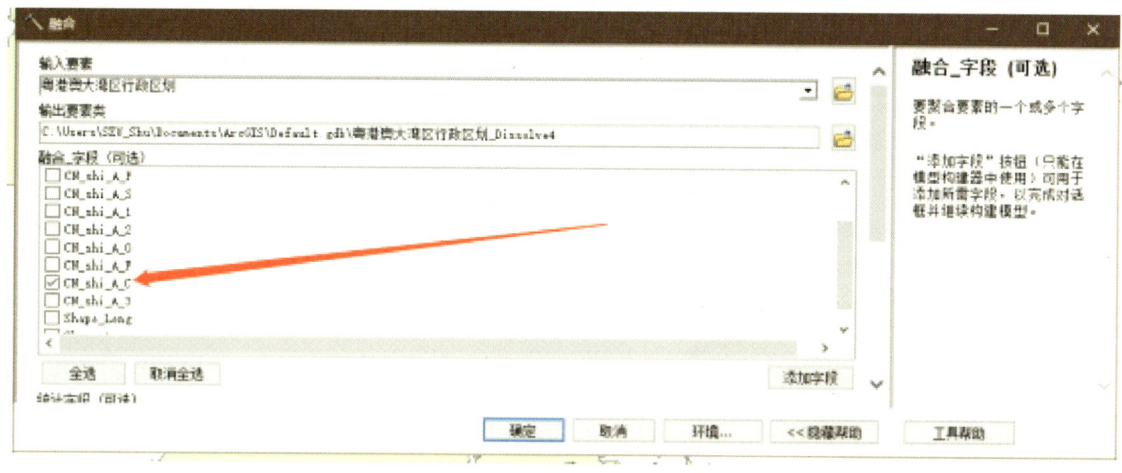

图 3-48 "融合"界面

图 3-49 打开属性表

(4) 如图 3-50 所示,右键该栏左侧的三角符号,选择【缩放至(Z)】可以查看此条要素对应的地图上的内容。如图 3-51 所示,可以看到其对应两块错误采样的区域,我们在属性表中选择将其删除。

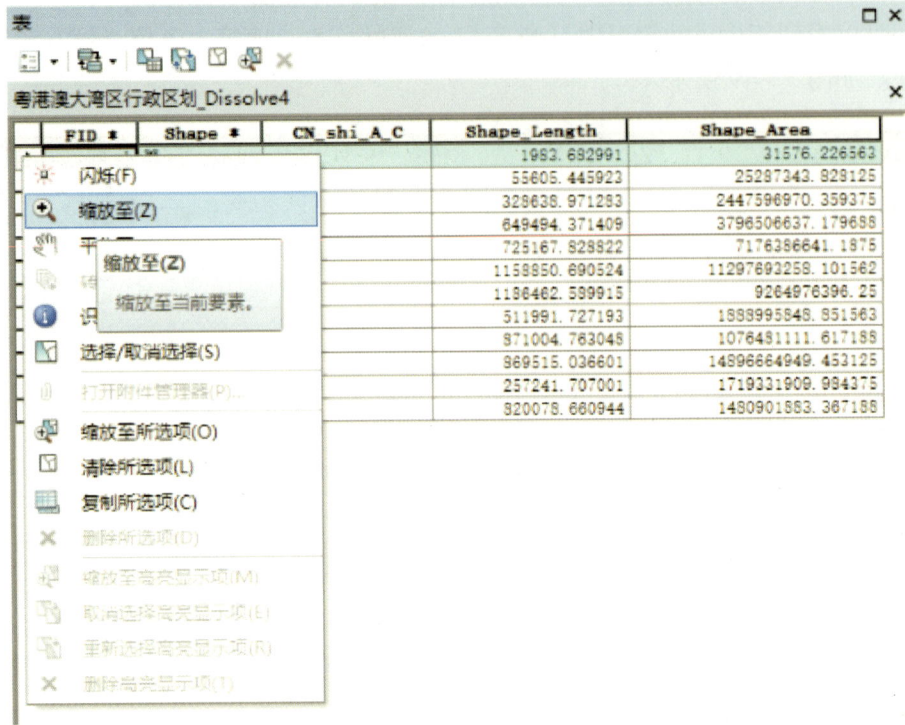

图 3-50　查看此条要素对应的地图上的内容的操作

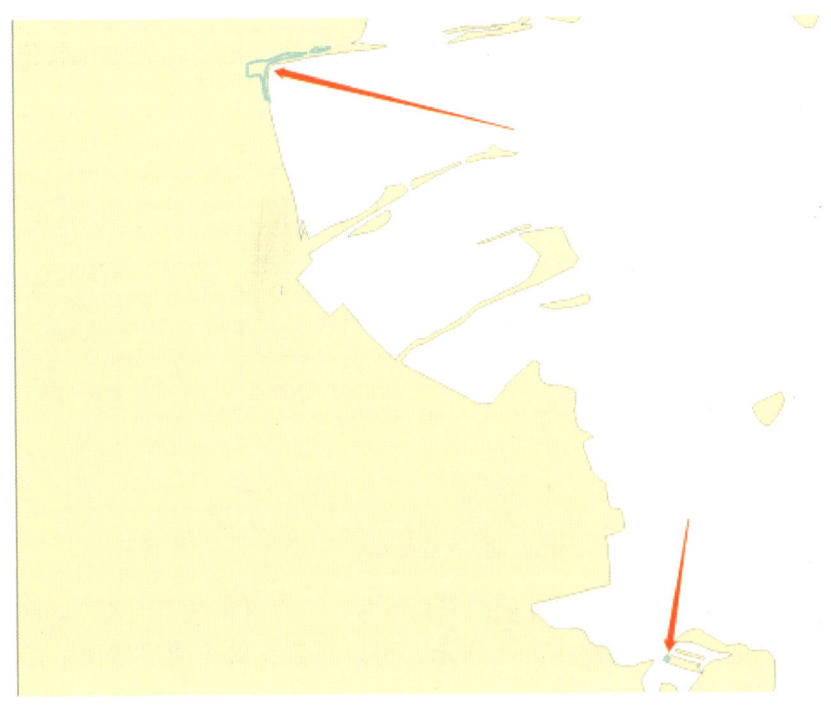

图 3-51　两块错误采样的区域

（5）如图3-52所示，在左侧内容列表中右键"粤港澳大湾区行政区划_ Dissolve"图层（全名可能每个人并不相同，但注意是Dissolve结尾即可），再依次选择【编辑要素】【开始编辑】。

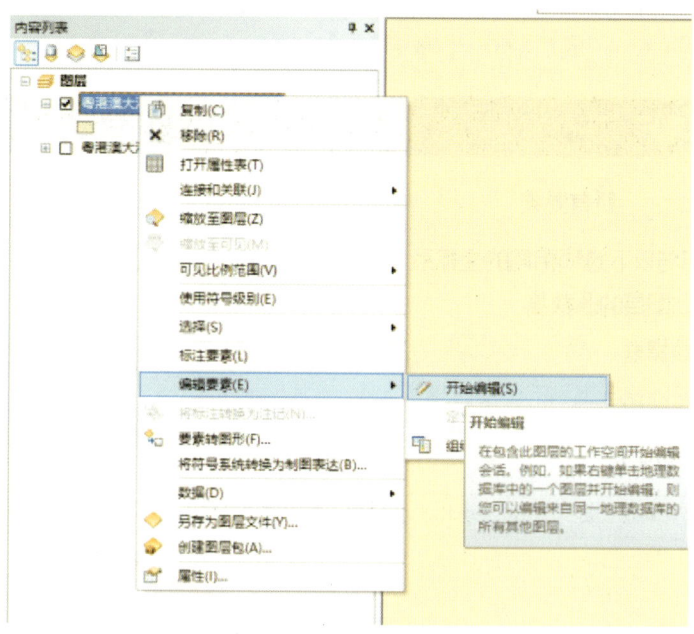

图3-52 操作步骤示意

（6）如图3-53所示，此时再打开属性表，右键第一栏要素左侧的三角符号发现之前灰色不可选的删除所得项变为可选，此时点击该选项进行删除即可。

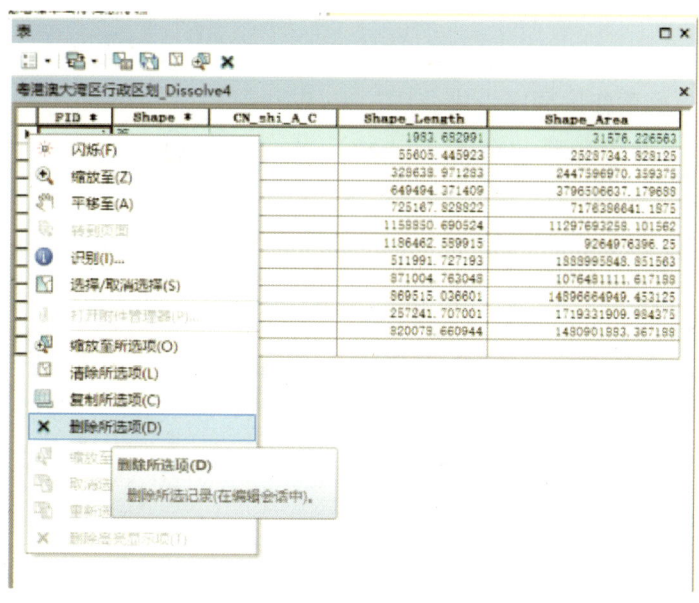

图3-53 删除操作

（7）删除后会发现该属性表左侧主键的排序变为 2-12，这不符合制图规范，因此选择重新生成属性表。此时右键"粤港澳大湾区行政区划_Dissolve"图层，依次选择【数据】【导出数据】，打开如图 3-54 所示的"导出数据"界面，在导出栏中选择所有要素，坐标系选择此图层的数据源，在输出要素类栏点击最右侧的图标，更换为之前储存数据的文件夹路径，完成后点击【确定】。

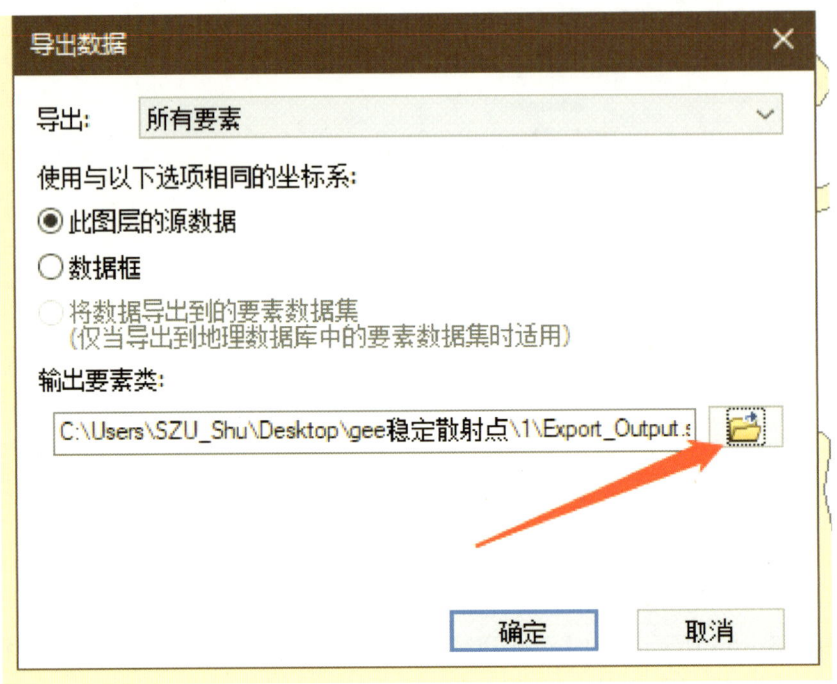

图 3-54 "导出数据"界面

（8）如图 3-55 所示，再查看该图层的属性表时，发现空余的要素栏被删去，第一列的 FID 主键序号也重新按顺序生成。

| FID | Shape * | OBJECTID | CN_shi_A_C | Shape_Leng | Shape_Area |
|---|---|---|---|---|---|
| 0 | 面 | 2 | 澳门 | 55605.445923 | 25287343.8281 |
| 1 | 面 | 3 | 东莞市 | 328638.971283 | 2447596970.36 |
| 2 | 面 | 4 | 佛山市 | 649494.371409 | 3796506637.19 |
| 3 | 面 | 5 | 广州市 | 725167.629822 | 7176396641.19 |
| 4 | 面 | 6 | 惠州市 | 1159850.69052 | 11297693258.1 |
| 5 | 面 | 7 | 江门市 | 1186462.55991 | 9264976396.25 |
| 6 | 面 | 8 | 深圳市 | 511991.727193 | 1888995849.95 |
| 7 | 面 | 9 | 香港 | 871004.763045 | 1076451111.62 |
| 8 | 面 | 10 | 肇庆市 | 869515.036601 | 14996664949.5 |
| 9 | 面 | 11 | 中山市 | 257241.707001 | 1719331909.98 |
| 10 | 面 | 12 | 珠海市 | 820079.660944 | 1490901893.37 |

图 3-55 主键序号重新按顺序生成

## （四）添加城市标注

（1）如图3-56所示，首先在界面上侧空白处右键选择打开标注功能。

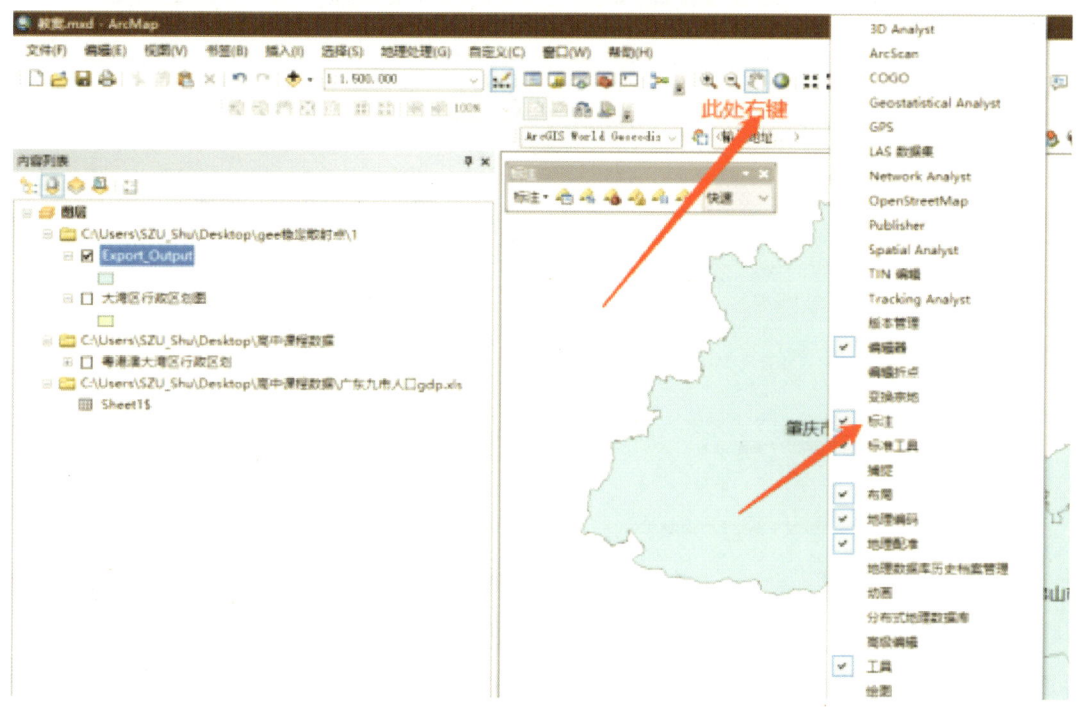

图3-56 打开标注功能

（2）点击标注右侧三角形符号，选中使用Maplex标注引擎，点击标注管理器，如图3-57所示。

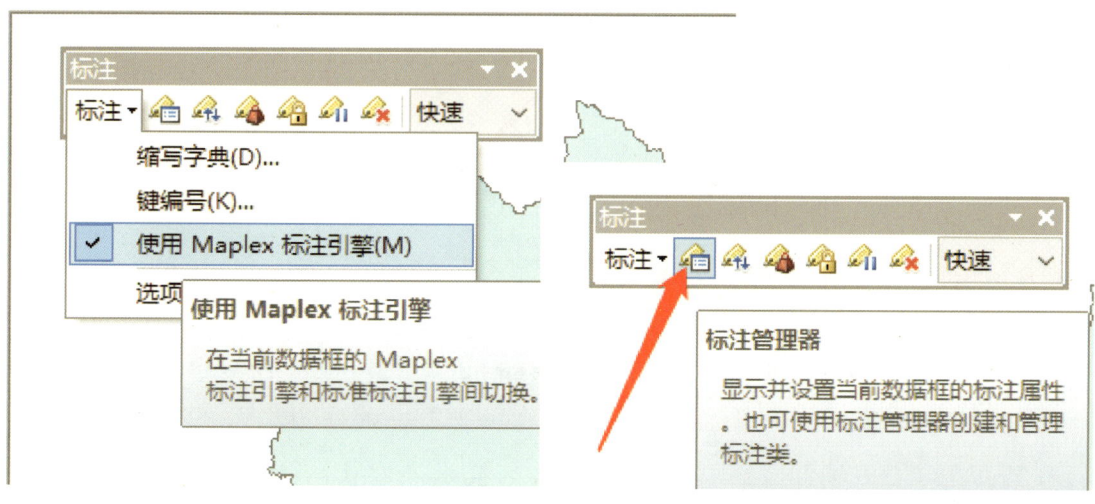

图3-57 点击标注管理器

（3）进入标注管理器界面后注意选中左侧的大湾区行政区划图图层，点击面板中的属性按钮，如图3－58所示。

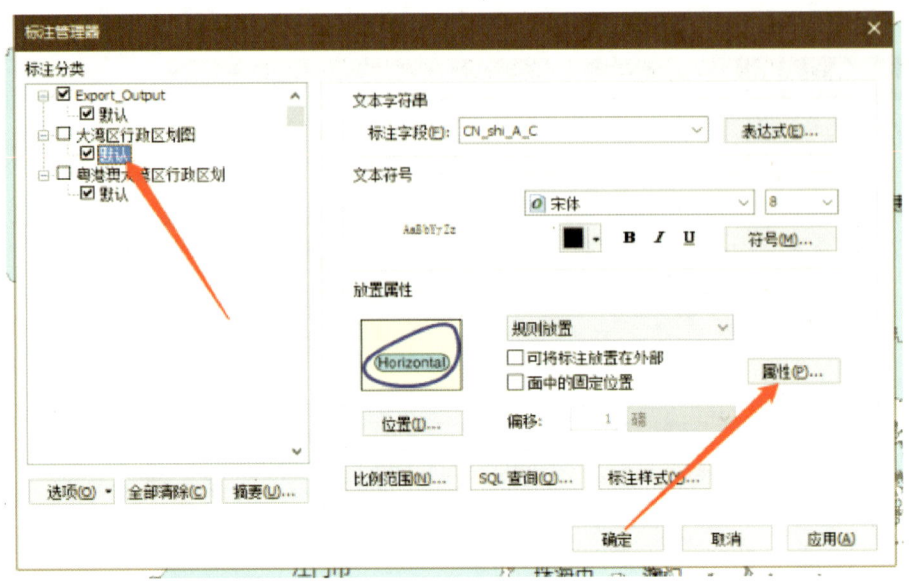

图3－58　"标注管理器"界面

（4）选择标注密度栏中的移除同名标注功能，点击【确定】后返回到标注管理器主界面，此时可以调节注记的字体大小、颜色风格等。建议设置为黑色（默认）、微软雅黑、12号。如图3－59所示。最后即可得到相关添加城市标注的地图。

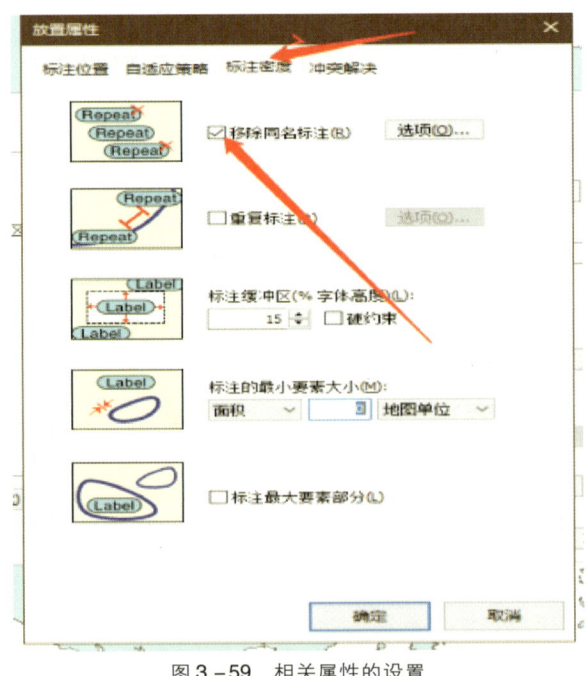

图3－59　相关属性的设置

## 二、粤港澳大湾区学生数量分布

### (一) 添加大湾区教育数据

点击菜单栏中的【添加数据】按钮,找到存放原始数据的文件夹,点击添加 ✚ ,大湾区教育属性表.xls,选择 sheet1 添加。如图 3-60 所示。

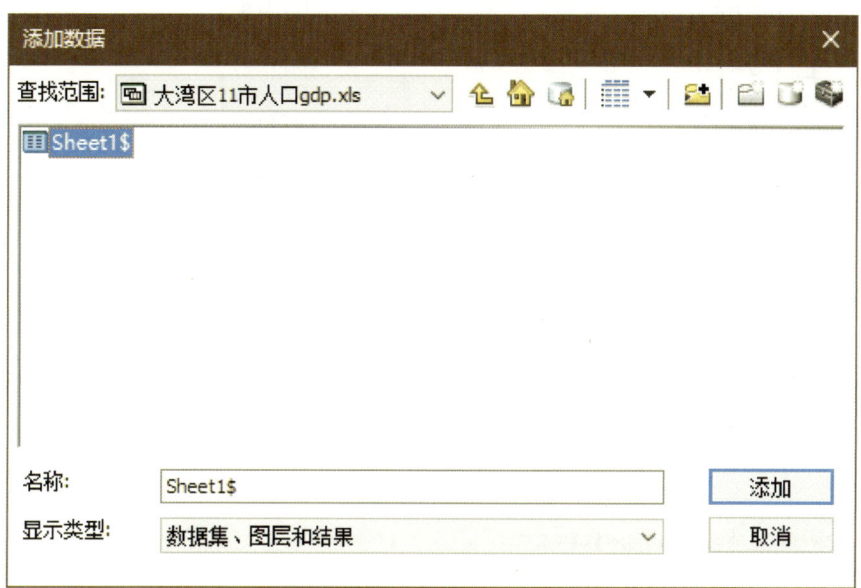

图 3-60 添加数据

添加后右键点击表格即可打开,如图 3-61 所示。

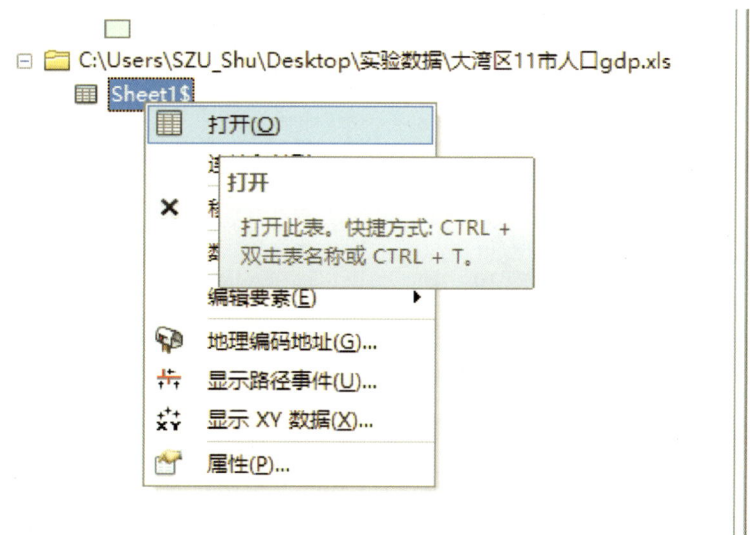

图 3-61 打开表格

打开表格后，可以看到表格内容如下，如图 3–62 所示。

| CN_shi_A_C | 学校数 | 中小学在校学生数 |
| --- | --- | --- |
| 澳门 | 100 | 75579 |
| 东莞市 | 704 | 850916 |
| 佛山市 | 738 | 641610 |
| 广州市 | 1993 | 1165669 |
| 惠州市 | 703 | 642626 |
| 江门市 | 460 | 390052 |
| 深圳市 | 945 | 1084153 |
| 香港 | 1253 | 874000 |
| 肇庆市 | 285 | 449850 |
| 中山市 | 368 | 344034 |
| 珠海市 | 199 | 189521 |

图 3–62　表格内容

下面将两张表格构成连接，从而不需要手动添加就可直接将属性表中所有内容连接到大湾区行政区划图中。右键点击"大湾区行政区划图"，依次选择【连接和关联】【连接】。如图 3–63 所示。

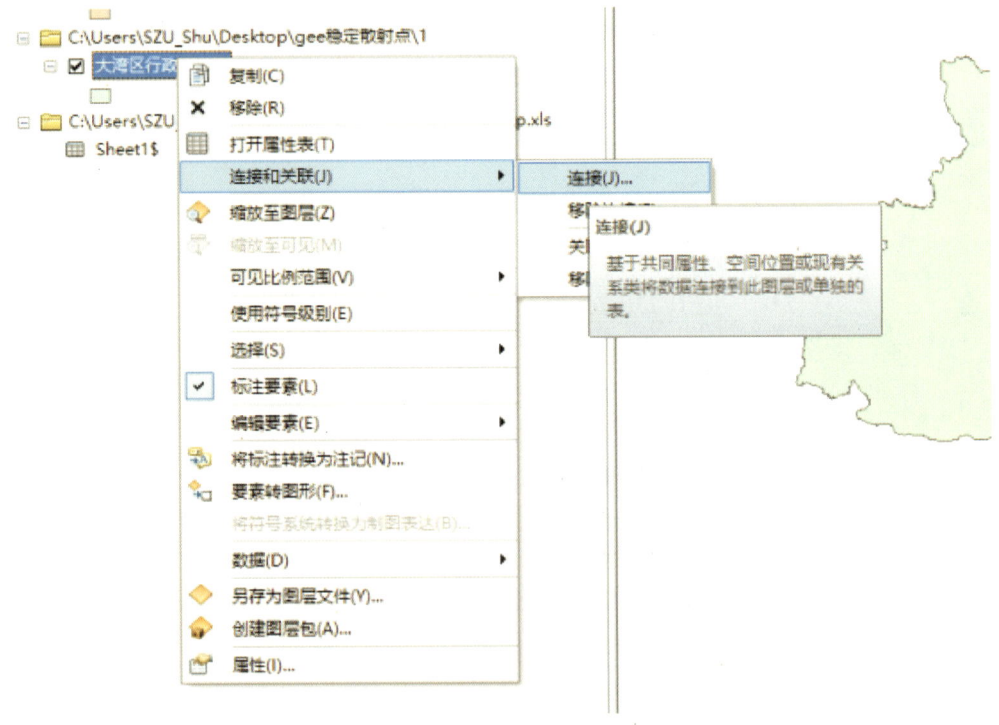

图 3–63　连接操作示意

注意：打开连接功能主界面后，在"选择该图层中连接将基于的字段"选项下拉列表，选择"CN_shi_A_C"，其余选择"默认"即可。如图3-64所示。

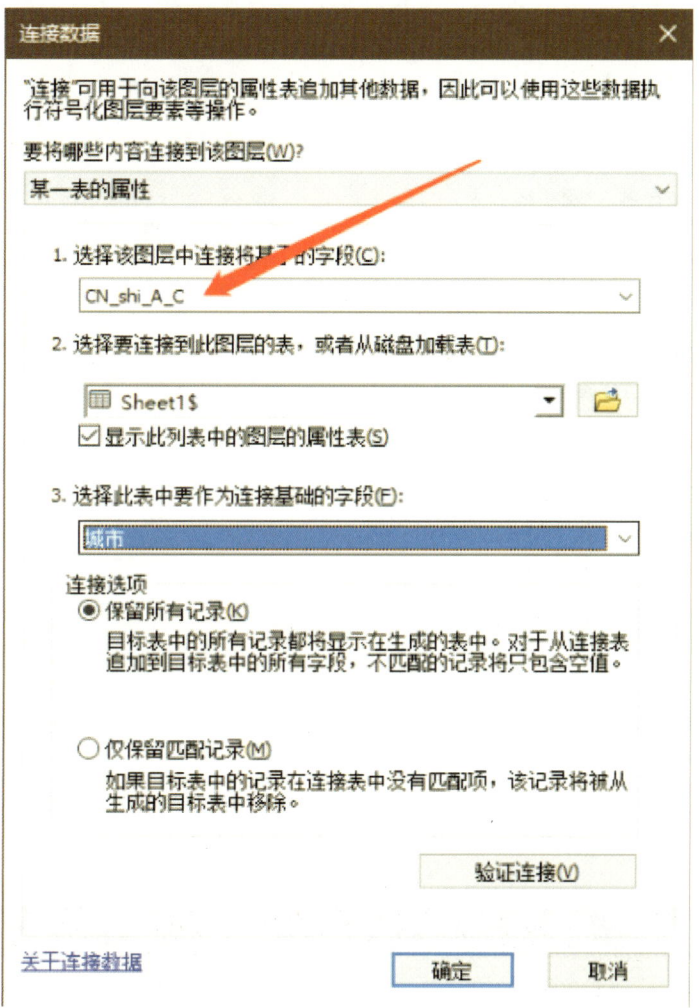

图3-64 连接数据操作界面

点击【确定】后打开大湾区行政区划图属性表，可以看到表中要素已经建立连接。如图3-65所示。

| FID | Shape * | OBJECTID | CN_shi_A_C | Shape_Leng | Shape_Area | 学生数 | 城市 | 中小学在校学生数 | 学校数 |
|---|---|---|---|---|---|---|---|---|---|
| 0 | 面 | 2 | 澳门 | 55605.445923 | 25287343.8281 | 75579 | 澳门 | 75579 | 100 |
| 1 | 面 | 3 | 东莞市 | 329639.971283 | 2447596970.36 | 850916 | 东莞 | 850916 | 704 |
| 2 | 面 | 4 | 佛山市 | 649494.371409 | 3795506637.19 | 641610 | 佛山 | 641610 | 738 |
| 3 | 面 | 5 | 广州市 | 725167.828822 | 7176386641.19 | 1165669 | 广州 | 1165669 | 1993 |
| 4 | 面 | 6 | 惠州市 | 1158850.69052 | 11297693258.1 | 642626 | 惠州 | 642626 | 703 |
| 5 | 面 | 7 | 江门市 | 1186462.58991 | 9264976396.25 | 390052 | 江门 | 390052 | 460 |
| 6 | 面 | 8 | 深圳市 | 511991.727193 | 1888995848.85 | 1084153 | 深圳 | 1084153 | 945 |
| 7 | 面 | 9 | 香港 | 871004.763048 | 1076481111.62 | 874000 | 香港 | 874000 | 1253 |
| 8 | 面 | 10 | 肇庆市 | 899515.036601 | 14890664949.5 | 449850 | 肇庆 | 449850 | 285 |
| 9 | 面 | 11 | 中山市 | 257241.707001 | 1719331909.98 | 344034 | 中山 | 344034 | 368 |
| 10 | 面 | 12 | 珠海市 | 820078.660944 | 1480901883.37 | 189521 | 珠海 | 189521 | 199 |

图3-65 表中要素已建立连接

连接完成后需要将数据重新导出从而固化图层外表格中的数据到属性表中，因此需要将大湾区行政区划图图层导出：右键该图层，依次选择【数据（D）】【导出数据（E）…】（见图3-66）。此时依然是保存在原始文件夹目录，设置名称为"大湾区教育资源分布.shp"，导出完成后，选择将该图层添加到地图图层中（见图3-67）。

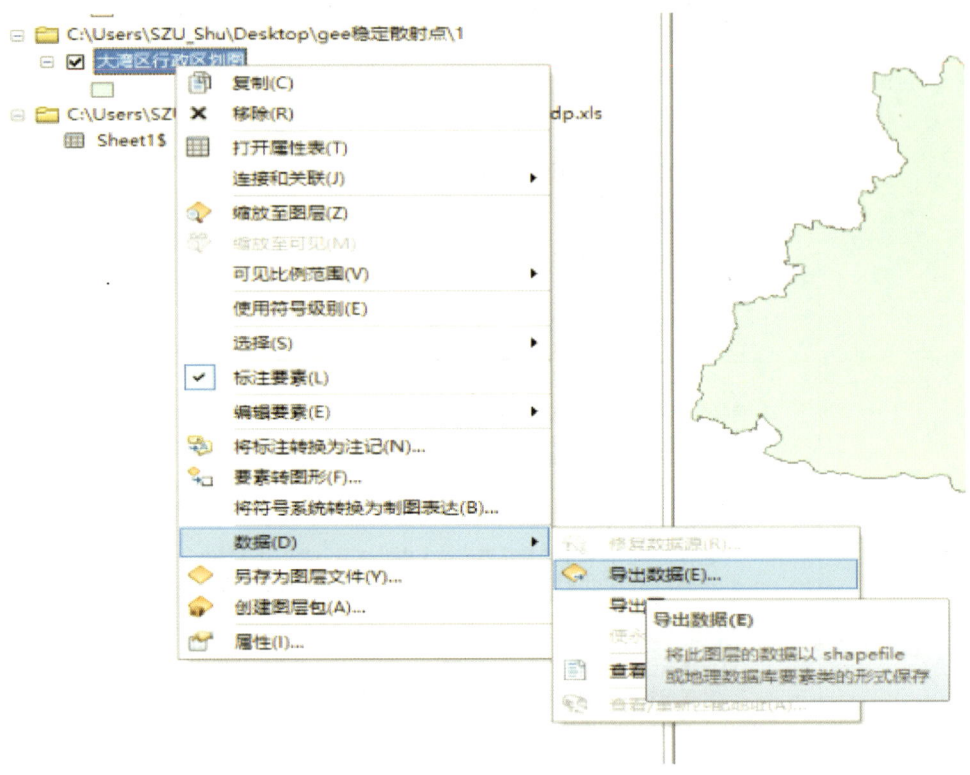

图3-66 导出数据

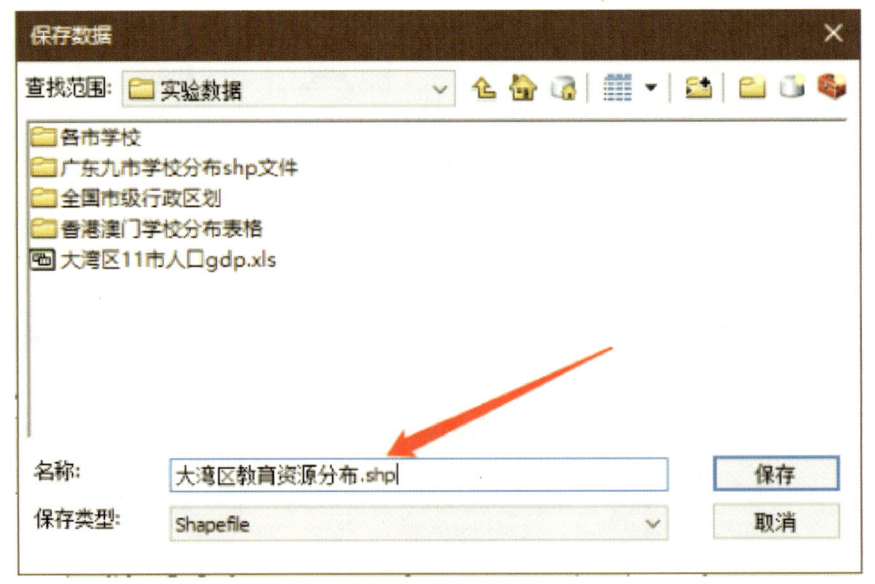

图3-67 保存数据

## （二）可视化指标数据以及专题图制作

（1）右键"大湾区教育资源空间分布图层"，选择"属性栏"。进入后选择"符号系统"，依次在左侧栏中选择数量的"分级色彩"，值字段中下拉列表选择"在校人数"，分类的个数选择为7，色带也可通过下拉列表选择喜欢的颜色风格（实例仅供参考），之后点击"添加所有值"，最后点击【确定】。如图3-68所示。

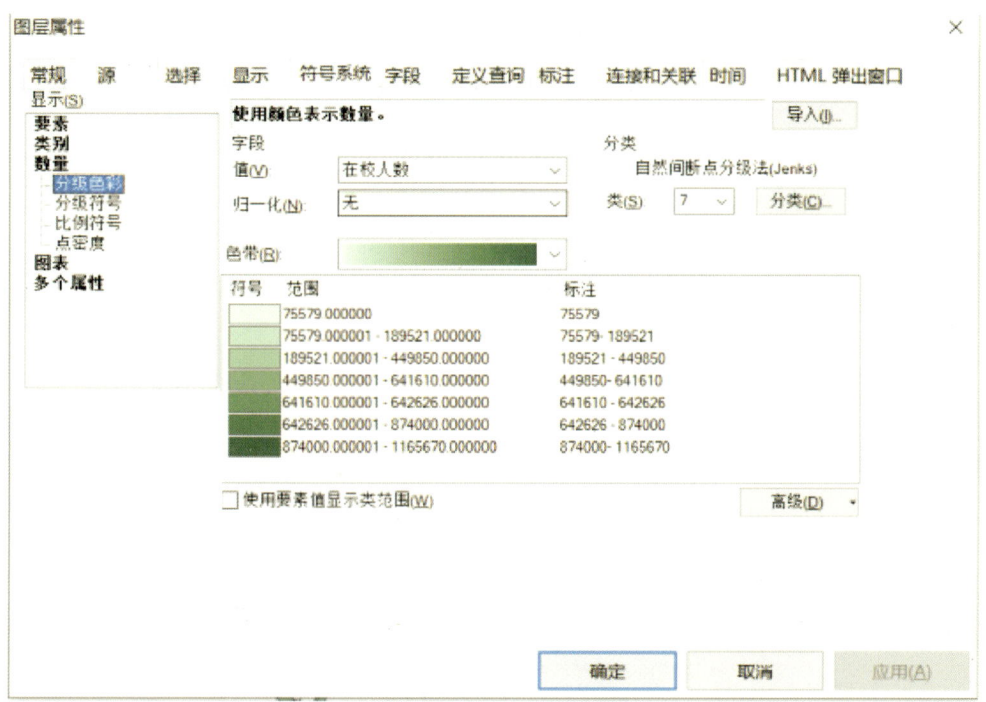

图3-68 图层属性设置界面

得到结果如图3-69所示：

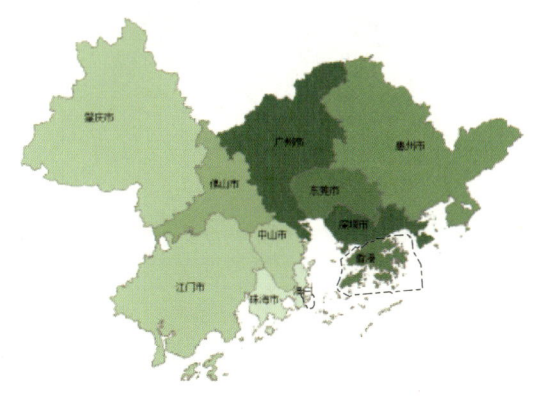

图3-69 结果图示

（2）此时点击软件菜单栏中的"视图"功能，选择"布局视图（L）"，如图3-70所示。

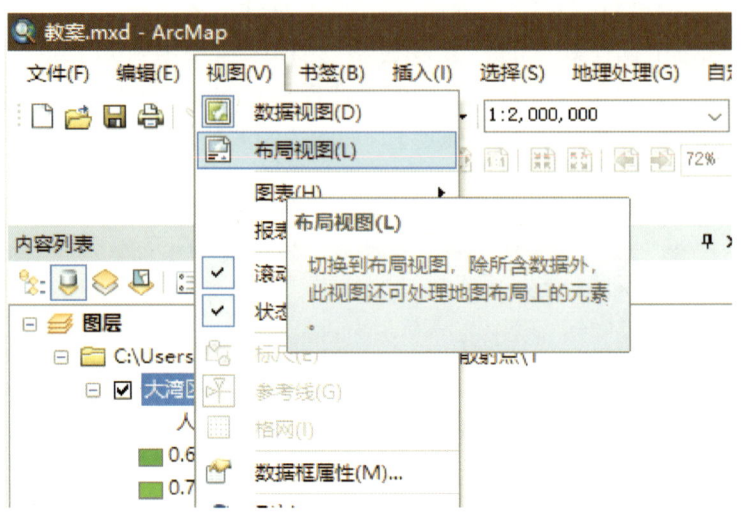

图3-70 选择"布局视图（L）"

结果如图3-71所示，点击蓝绿色的方框可以调整专题地图的大小和位置，以使出图的时候，图片可以更加漂亮。

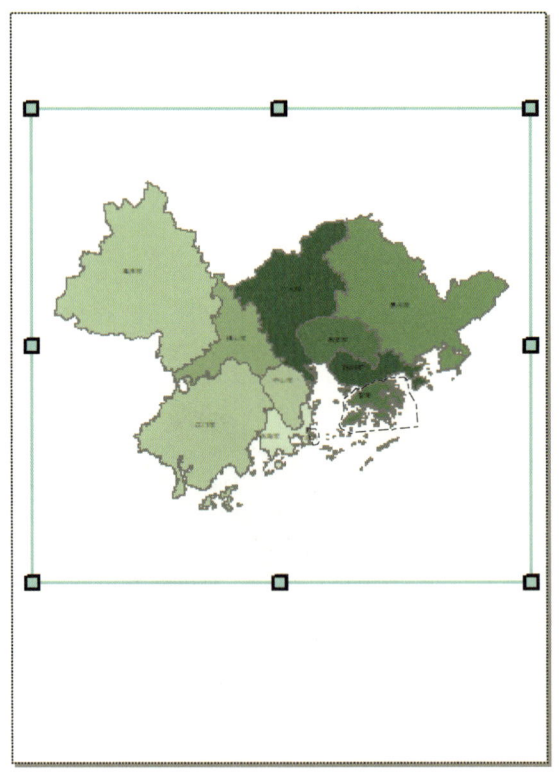

图3-71 调整图片大小和位置

（3）此时我们需要补齐一张专题图的四要素：标题、图例、比例尺、指北针。分别点击如下功能插入所需要素。操作示意如图 3–72 所示。

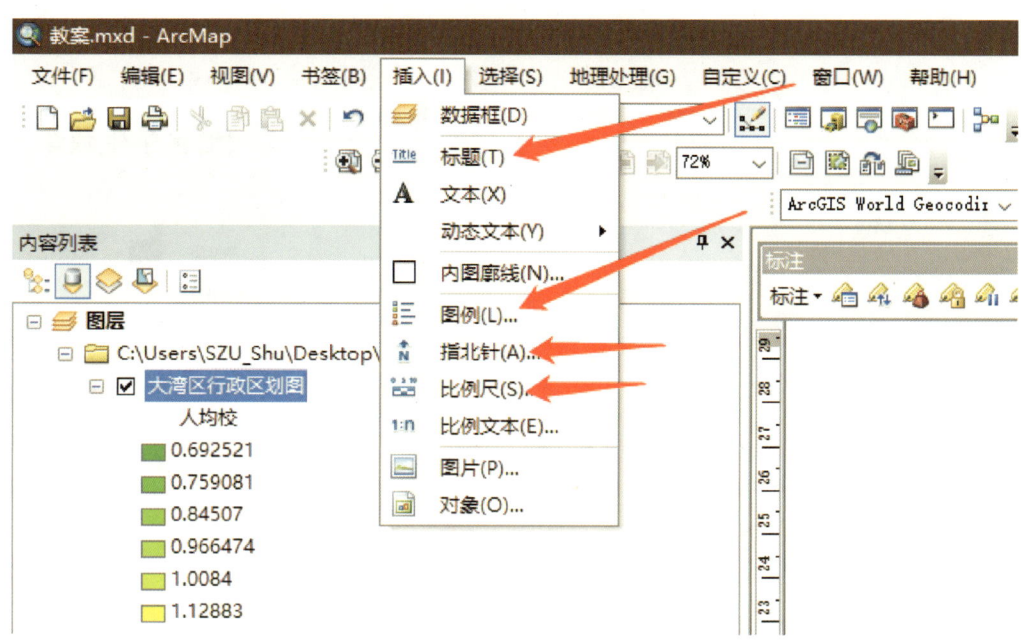

标题输入：粤港澳大湾区学生数量分布图

图 3–72　操作示意

双击标题栏可以修改标题的格式，如图 3-73 所示，点击【更改符号（C）…】进行相关修改。

图 3-73　更改符号

图例插入：第一步默认即可，然后点击【下一步（N）＞】，如图 3-74 所示。

图 3-74　图例插入

图例标题输入图例,然后点击【下一步(N)>】,如图3-75所示。

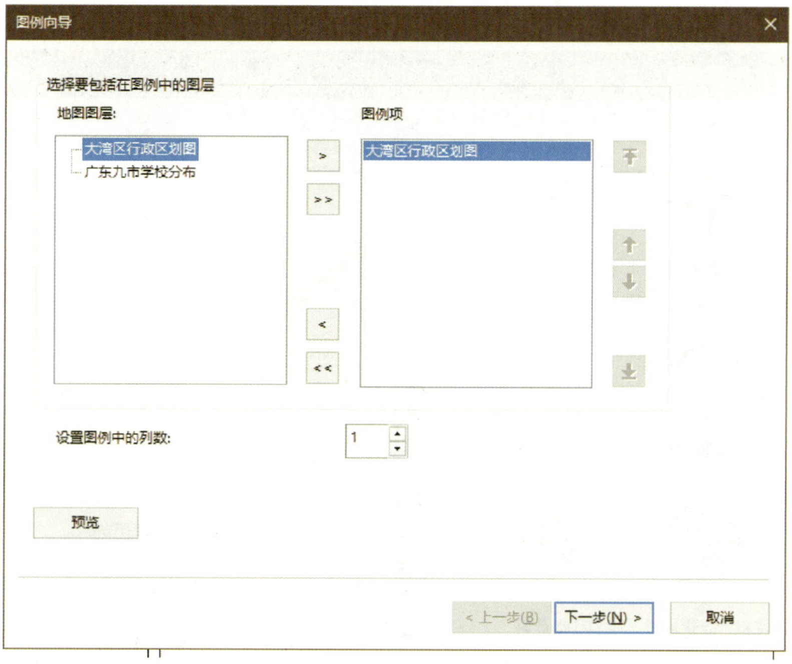

图3-75 操作示意

边框选择0.5磅,然后点击【下一步(N)>】;出现的新步骤默认即可,再点击【下一步(N)>】;依旧选择默认,最后点击【完成】。如图3-76所示。

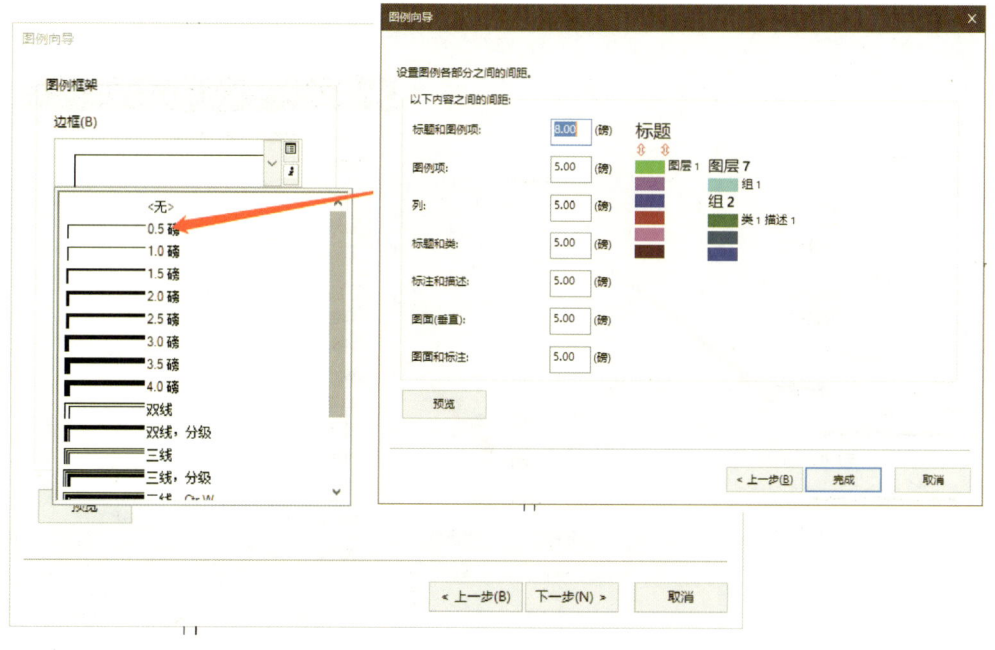

图3-76 操作步骤示意

指北针的插入（见图3-77）：选择"插入"工具栏，再点击"指北针"，根据自己的喜好选择放入的位置，一般将指北针放在右上角位置。

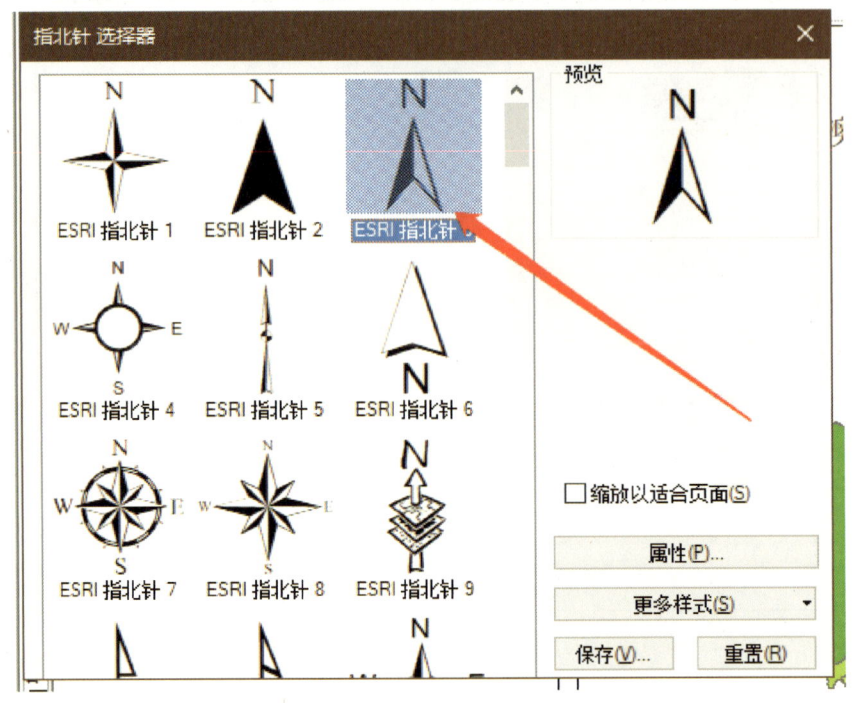

图3-77　指北针的插入

比例尺的插入：比例尺中，选择"黑白相间比例尺1"，点击"属性"，修改主刻度数、分刻度数、主刻度数单位，以及标注，具体如图3-78所示。

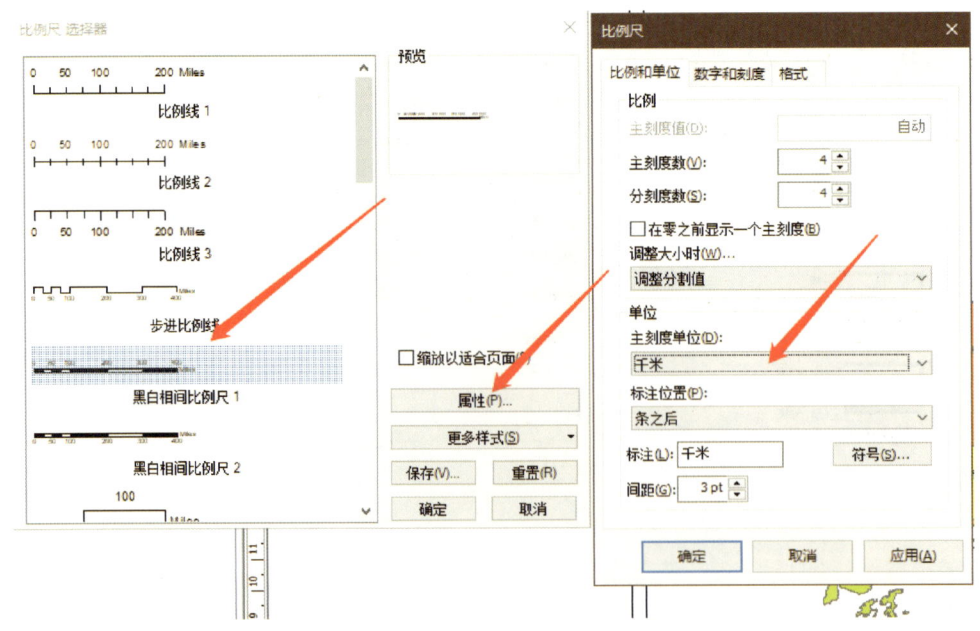

图3-78　比例尺的插入

这些图标在布局视图下都可以随意拖动缩放，大家可以参考示例以及自己喜欢的风格进行制图。图 3-79 为制作好的专题图。

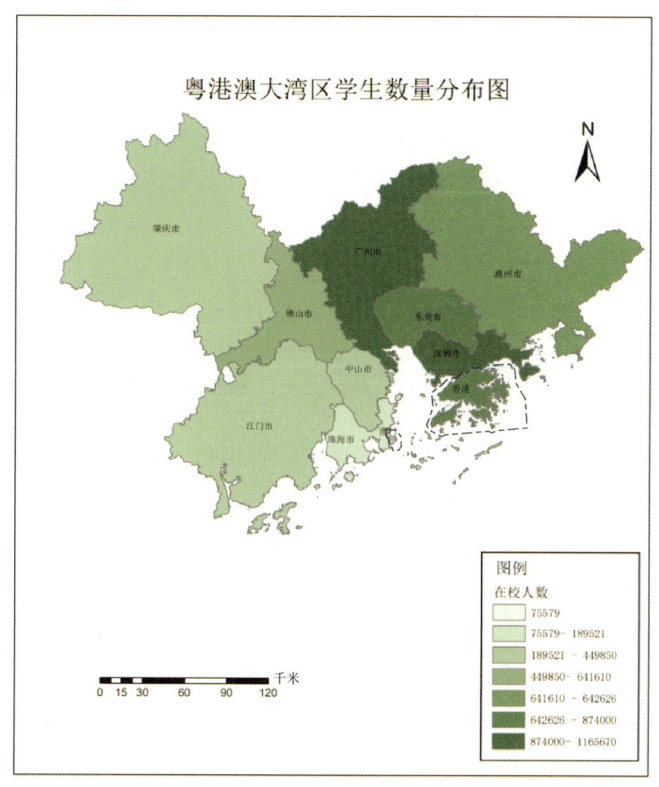

图 3-79　制作好的专题图

## （三）成图输出

制作完专题图后，选择菜单栏，依次点击【文件】【导出地图】，建议保存为 pdf 格式，文件设置为专题图的标题名，dpi 设为 400，如图 3-80 所示。

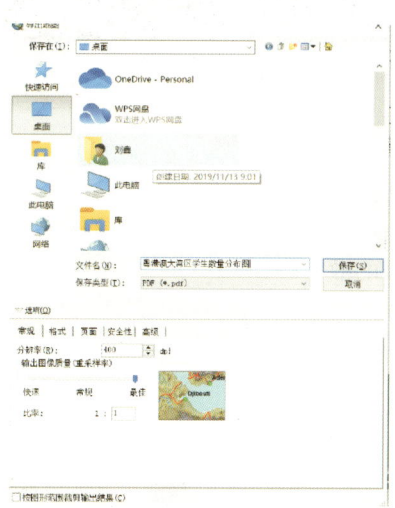

图 3-80　导出地图

## 三、粤港澳大湾区每万人拥有的中小学学校数量分布

### （一）计算教育资源与人口的关系

点击"大湾区教育资源分布属性表"左上角图标，选择"添加字段"，如图 3-81 所示。进行此步骤时需要停止编辑模式，否则此功能无法选中，添加字段"人均校"到属性表中。

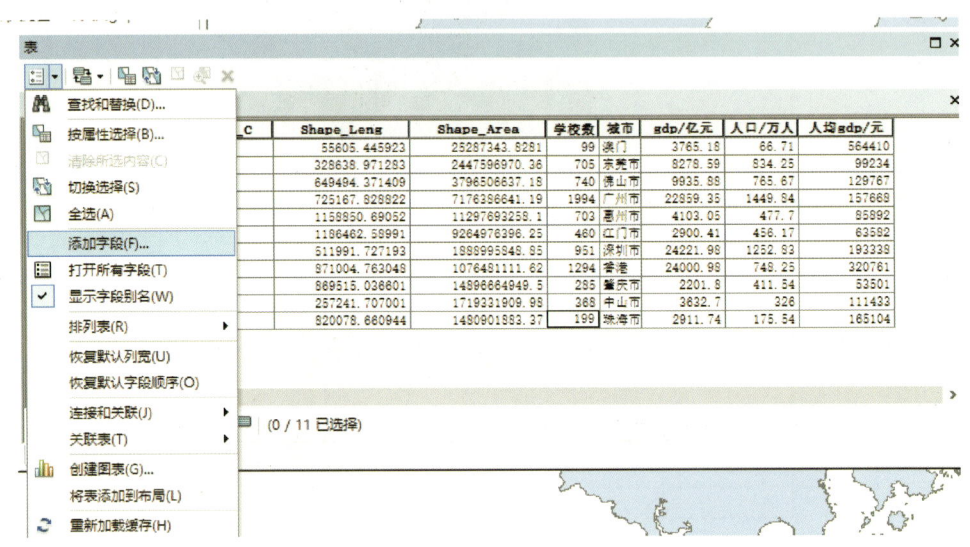

图 3-81 添加字段操作示意

其中人均校对应为各市单位万人口所具有的学校数，即为学校数除以人口数，注意此时添加字段不可显示短整型，应该选择浮点型。如图 3-82 所示。

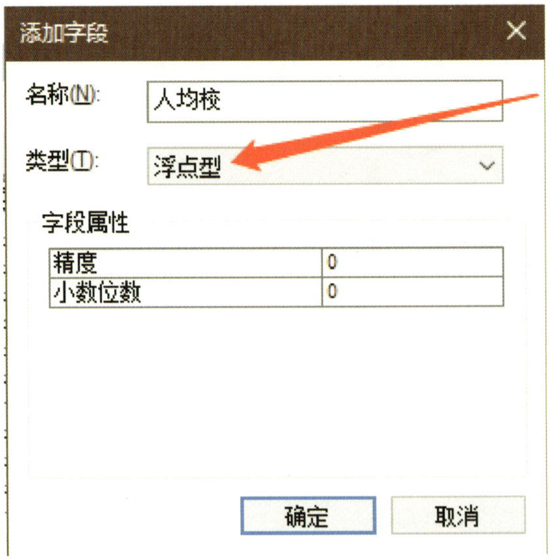

图 3-82 添加字段界面

得到结果如图 3-83 所示。

| 大湾区教育资源分布 | | | | | | | | | | | | |
|---|---|---|---|---|---|---|---|---|---|---|---|---|
| FID | Shape * | OBJECTID | CN_shi_A_C | Shape_Leng | Shape_Area | 城市 | 学校数 | gdp_亿元 | 人口_万 | 人均gdp | 在校人数 | 人均校 |
| 0 | 面 | 2 | 澳门 | 55605.445923 | 25287343.8281 | 澳门 | 100 | 3765.18 | 66.71 | 564410 | 75579 | 0 |
| 1 | 面 | 3 | 东莞市 | 328638.971283 | 2447596970.36 | 东莞 | 704 | 8278.59 | 834.25 | 99234 | 850916 | 0 |
| 2 | 面 | 4 | 佛山市 | 649494.371409 | 3796506637.18 | 佛山 | 738 | 9935.88 | 765.67 | 129767 | 641610 | 0 |
| 3 | 面 | 5 | 广州市 | 725167.828822 | 7176386641.19 | 广州 | 1993 | 22859.35 | 1449.84 | 157668 | 1165670 | 0 |
| 4 | 面 | 6 | 惠州市 | 1158850.69052 | 11297693258.1 | 惠州 | 703 | 4103.05 | 447.7 | 85892 | 642626 | 0 |
| 5 | 面 | 7 | 江门市 | 1186462.58991 | 9264976396.25 | 江门 | 460 | 2900.41 | 456.17 | 63582 | 390052 | 0 |
| 6 | 面 | 8 | 深圳市 | 511991.727193 | 1888995848.85 | 深圳 | 945 | 24221.98 | 1252.83 | 193338 | 1084150 | 0 |
| 7 | 面 | 9 | 香港 | 871004.763048 | 1076481111.62 | 香港 | 1253 | 24000.98 | 748.25 | 320761 | 874000 | 0 |
| 8 | 面 | 10 | 肇庆市 | 869515.036601 | 14896664949.5 | 肇庆 | 285 | 2201.8 | 411.54 | 53501 | 449850 | 0 |
| 9 | 面 | 11 | 中山市 | 257241.707001 | 1719331909.98 | 中山 | 368 | 3632.7 | 326 | 111433 | 344034 | 0 |
| 10 | 面 | 12 | 珠海市 | 820078.660944 | 1480901883.37 | 珠海 | 199 | 2911.74 | 175.54 | 165104 | 189521 | 0 |

图 3-83 添加字段后结果

此时在"人均校"这一栏点击右键,选择"字段计算器",在计算器中依次点击"学校数""人口_万",可以看到底下显示框出现公式(见图 3-84),点击【确定】即可进行计算。

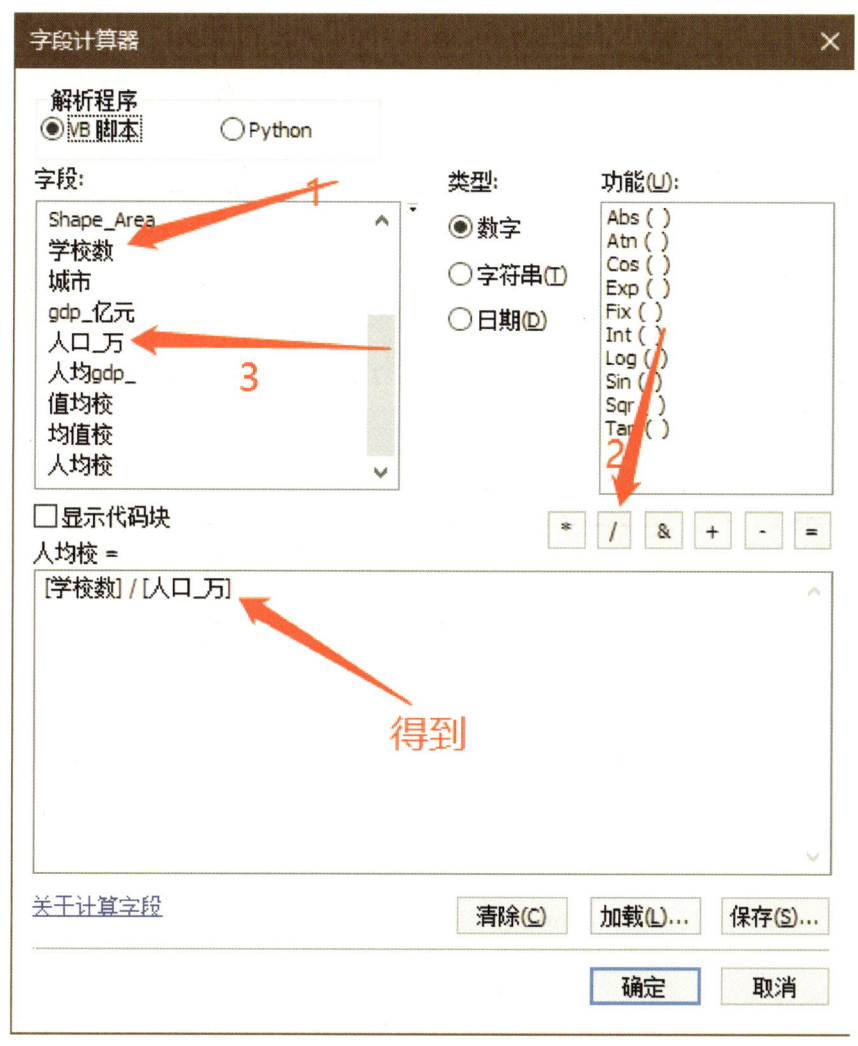

图 3-84 字段计算器界面

## （二）可视化指标数据以及专题图制作

此部分具体操作步骤可参照本章中"粤港澳大湾区学生数量分布图"的制作步骤，最后可得到"粤港澳大湾区每万人拥有的中小学学校数量分布图"的成图，成图的输出亦可参照"粤港澳大湾区学生数量分布图"的成图输出步骤。

## 四、粤港澳大湾区每万人承载的在校中小学生数量分布

### （一）计算教育资源与人口的关系

点击"大湾区教育资源分布属性表"左上角图标，选择"添加字段"，如图 3-85 所示。进行此步骤时需要停止编辑模式，否则此功能无法选中，添加字段"承载人数"到属性表中。

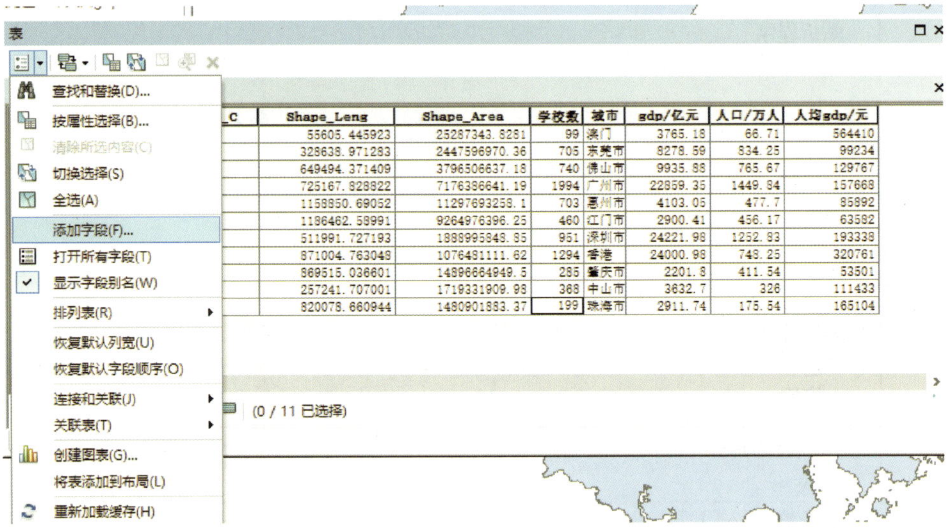

图 3-85　添加字段操作示意

注意此时添加字段不可显示短整型，应该选择浮点型。如图 3-86 所示。

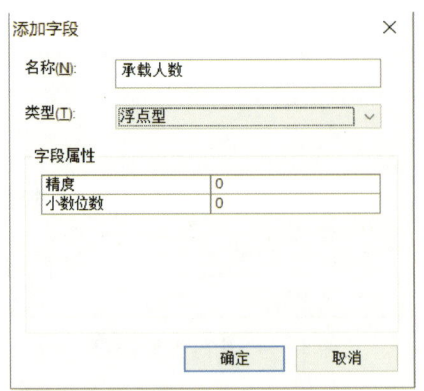

图 3-86　添加字段界面

得到结果如图 3-87 所示。

| FID | Shape | OBJECTID | CN_shi_A_C | Shape_Leng | Shape_Area | 城市 | 学校数 | gdp_亿元 | 人口_万 | 人均gdp | 在校人数 | 人均校 | 承载人数 |
|---|---|---|---|---|---|---|---|---|---|---|---|---|---|
| 0 | 面 | 2 | 澳门 | 55605.445923 | 25287343.8281 | 澳门 | 100 | 3765.18 | 66.71 | 564410 | 75579 | 1.499 | 1133 |
| 1 | 面 | 3 | 东莞市 | 328638.971283 | 2447596970.36 | 东莞 | 704 | 8278.59 | 834.25 | 99234 | 850916 | 0.8439 | 1020 |
| 2 | 面 | 4 | 佛山市 | 649494.371409 | 3796506637.18 | 佛山 | 736 | 9935.88 | 765.67 | 129767 | 641610 | 0.9639 | 838 |
| 3 | 面 | 5 | 广州市 | 725167.828822 | 7176386641.19 | 广州 | 1993 | 22859.35 | 1449.84 | 157668 | 1165670 | 1.3746 | 804 |
| 4 | 面 | 6 | 惠州市 | 1158850.69052 | 11297693258.1 | 惠州 | 703 | 4103.05 | 447.7 | 85892 | 642626 | 1.5702 | 1435 |
| 5 | 面 | 7 | 江门市 | 1186462.58991 | 9264976396.25 | 江门 | 460 | 2900.41 | 456.17 | 63582 | 390052 | 1.0084 | 855 |
| 6 | 面 | 8 | 深圳市 | 511991.727193 | 1888995848.85 | 深圳 | 945 | 24221.98 | 1252.83 | 193338 | 1084150 | 0.7543 | 865 |
| 7 | 面 | 9 | 香港 | 871004.763048 | 1076481111.62 | 香港 | 1253 | 24000.98 | 748.25 | 320761 | 874000 | 1.6746 | 1168 |
| 8 | 面 | 10 | 肇庆市 | 869515.036601 | 14896664949.5 | 肇庆 | 285 | 2201.8 | 411.54 | 53501 | 449850 | 0.6925 | 1093 |
| 9 | 面 | 11 | 中山市 | 257241.707001 | 1719331909.98 | 中山 | 368 | 3632.7 | 326 | 111433 | 344034 | 1.1288 | 1055 |
| 10 | 面 | 12 | 珠海市 | 820078.660944 | 1480901883.37 | 珠海 | 199 | 2911.74 | 175.54 | 165104 | 189521 | 1.1336 | 1080 |

图 3-87 添加字段后结果

此时在"承载人数"这一栏点击右键,选择"字段计算器",在计算器中依次点击"在校人数""人口_万",可以看到底下显示框出现公式(见图 3-88),点击【确定】即可进行计算。

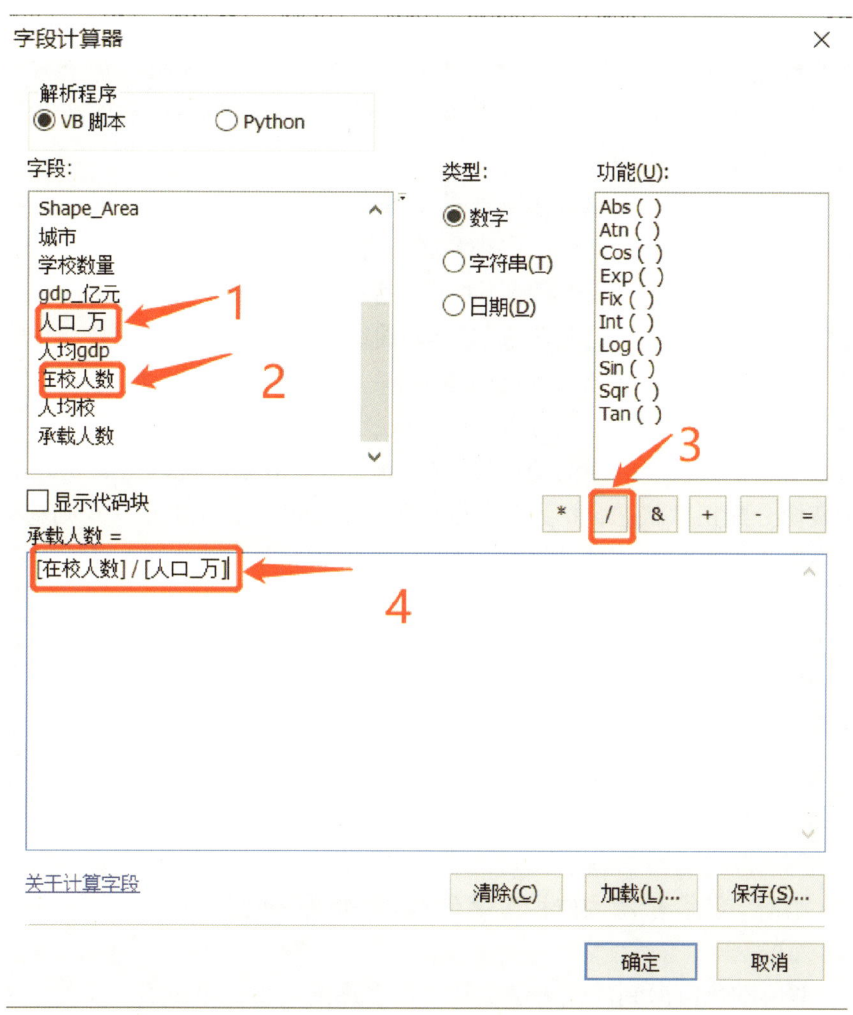

图 3-88 字段计算器界面

## （二）可视化指标数据以及专题图制作

该部分具体操作步骤可参照本章中"粤港澳大湾区学生数量分布图"的制作步骤，最后可得到"粤港澳大湾区每万人承载的在校中小学生数量分布图"的成图，成图的输出亦可参照"粤港澳大湾区学生数量分布图"的成图输出步骤。

# 第四节　总结

本次实验从两个方面来研究教育资源的相对分布，一方面以各城市万人均拥有的学校数量和万人均承载的在校学生数量制作专题地图，制图方式与制作每个城市拥有的学校数量专题地图的方法类似，修改其对应的分级标准。另一方面根据每个城市的教育资源与该城市的人口数量、经济发展状况之间的数量关系，绘制洛伦兹曲线和算出对应的基尼系数来衡量资源分配的均衡状况。

洛伦兹曲线是研究空间现象分布规律的重要方法，在本书中，可以定性和定量地描述中小学教育资源分布的不均衡性。中小学教育资源分配越均衡，洛伦兹曲线越靠近 $y=x$ 曲线，反之，中小学教育资源分配越不均衡，洛伦兹曲线越远离 $y=x$ 曲线，当中小学教育资源分配完全均衡时，洛伦兹曲线与 $y=x$ 曲线重合；而通过洛伦兹曲线衍生出的基尼系数，是用来判断收入分配公平程度的指标。一般认为，基尼系数 $G=0$，则说明中小学教育资源分配完全均衡，基尼系数 $G=1$，则说明中小学教育资源分配完全不均衡，同时将基尼系数 0.4 作为收入差距的警戒线，$G<0.3$ 时为分配状况较好，$G$ 介于 $0.3\sim0.4$ 之间为教育资源分配正常状态，$G$ 为 0.4 以上则为警戒状态，$G$ 大于 0.6 则为中小学教育资源分配的高度不均衡状态。其计算公式为：

$$G = 2 \times (0.5 - S)$$

$$S = \frac{1}{2}\sum_{i=1}^{n}(X_i - X_{i-1})(Y_i + Y_{i-1})$$

其中 $X_i$（$i=1,2,\cdots,n$）为在校学生人口数量累积百分比；$Y^i$（$i=1,2,\cdots,n$）为大湾区总人口数量或生产总值的累积百分比；$S$ 为洛伦兹系数曲线与 $x$ 轴（$x=1$）所围面积；$n$ 为地区数。

## 一、中小学教育资源相对规模的空间分布研究

如图 3-89，颜色由深到浅代表学生数量由多逐渐减少，可以看出，学生数量分布较多的区域是在省会城市广州，中学学生数量达 116 万人，紧跟其上的深圳学生人数有 108 万人，其次是香港、东莞、惠州、佛山、肇庆、江门、中山、珠海等城市，在校学生数量最少的城市是澳门，这也与这座城市的人口总数有关。

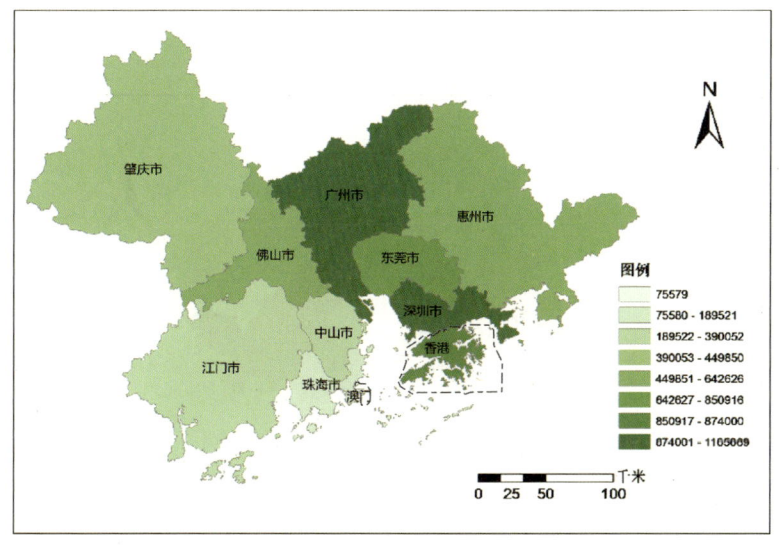

图 3-89　粤港澳大湾区学生数量分布图

如图 3-90，分析可看出，中小学教育资源万人均拥有的学校数量的相对空间分布呈现出与绝对数量的空间分布不一样的分布特点。中小学教育资源相对不是很丰富的地区，万人均拥有的中小学学校数量却相对较高，如惠州；在中小学教育资源相对较丰富的地区，如深圳，万人均拥有的中小学教育资源却很低，这是因为深圳教育资源很丰富，但总人口也很多，这样相对于总人口较少的地区，它们虽然教育资源不是很丰富，但是万人均拥有的教育资源相对而言就很高了。

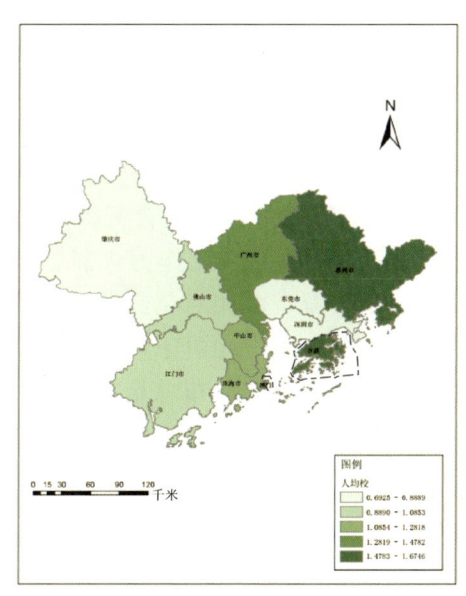

图 3-90　粤港澳大湾区每万人拥有的中小学学校数量分布图

如图3-91，从中可以看出，每万人承载的在校中小学生数量较多的区域在惠州、香港等地，这与各地区的总人口密切相关。

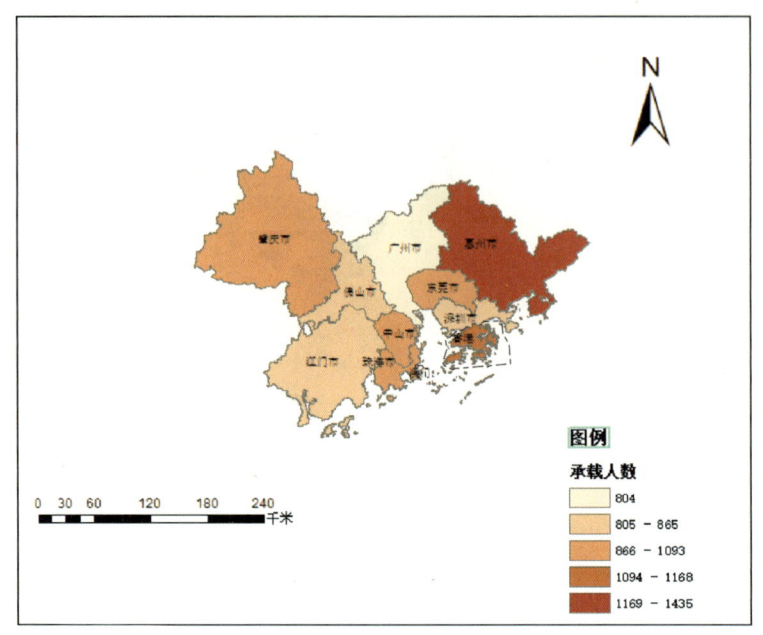

图3-91　粤港澳大湾区每万人承载的在校中小学生数量分布图

## 二、定性定量描述中小学教育资源分布的不均衡性

在本书中，按照各地区在校中小学生数量从小到大的顺序排序，以各地区在校中小学生数量的累计百分比作为 $X$ 轴，以各地区总人口数的累计百分比作为 $Y$ 轴来研究不同城市中小学教育资源相对于人口的分布程度。从图3-92中可以看出，洛伦兹曲线相当靠近 $y=x$ 曲线，说明中小学教育资源分配比较均衡；通过计算可得基尼系数 $G_1=0.04$，与洛伦兹系数反映的情况相同，大湾区的中小学教育资源分配状况较好。

同样以各地区在校中小学生数的累计百分比作为 $X$ 轴，以各地区生产总值累计百分比作为 $Y$ 轴来研究不同城市中小学教育资源相对于经济的分布程度。从图3-93中，可以看出中小学教育资源对于经济的分布程度相对于人口的分布程度比较不均衡，同时也说明了地区的生产总值与中小学教育资源的分布总是相关的；经过计算得出与经济相关的基尼系数，从得出的系数中可以看出，虽然中小学教育资源相对于经济的分配是不均衡的，但数值依然在一个良好的范围内，这说明不均衡的程度较低。

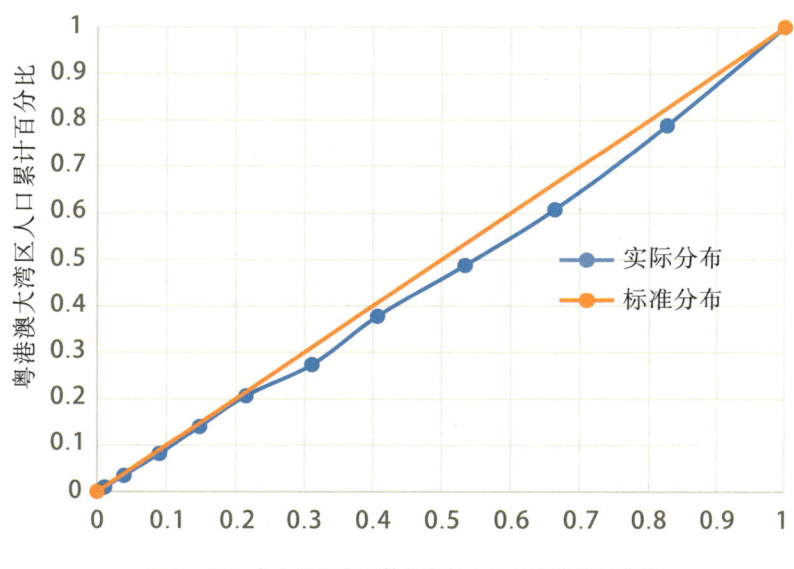

图 3-92 中小学学生人数分布与人口分布洛伦兹曲线

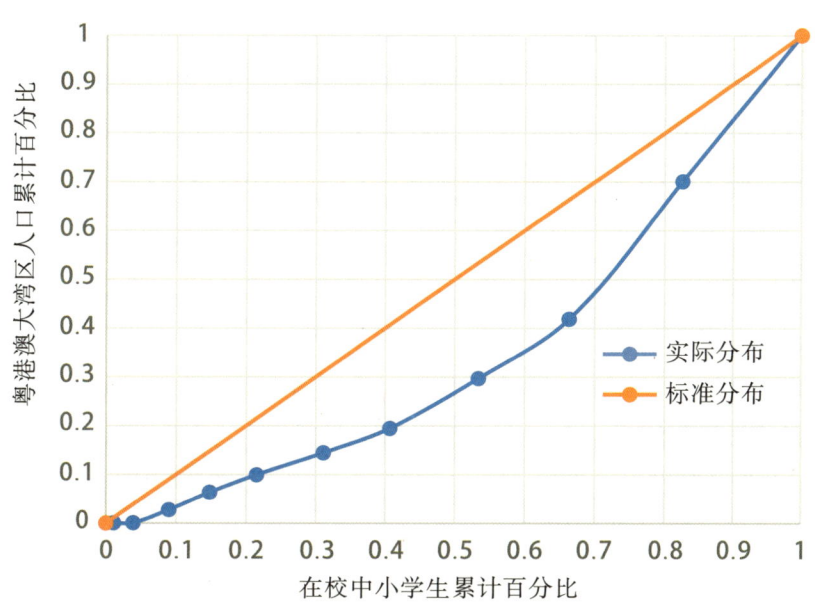

在校中小学生累计百分比

图 3-93 中小学学生人数分布与地区生产总值分布洛伦兹曲线

# 第四章
# 多角度实景视野环游中山公园

全景地图（Panoramic Map）也称为360度全景地图、全景环视地图。全景地图是指把三维图片模拟成真实物体的三维效果的地图，浏览者可以拖拽地图从不同的角度浏览真实物体的效果。

运用数码相机对现有场景进行多角度环视拍摄之后，再利用计算机进行后期缝合，并加载播放程序来完成三维虚拟展示。全景图通过广角的表现手段以及绘画、相片、视频、三维模型等形式，尽可能多地表现出周围的环境。

通过对专业相机捕捉整个场景的图像信息或者使用建模软件渲染过后的图片，使用软件进行图片拼合，并用专门的播放器进行播放，即可将平面照片或者计算机建模图片变为全景地图，用于虚拟现实浏览，把二维的平面图模拟成真实的三维空间，呈现给观赏者。

全景地图的优势：

（1）避免了一般平面效果图视角单一、不能带来全方位感受的缺憾，在播放时画面效果与一般效果图是完全不一样的。

（2）互动性强。可以由客户操纵，从任意一个角度观察场景，犹如身临其境，可最真实地感受最终设计的结果，这一点也不同于缺少互动性的三维动画。

下面，让我们通过网页（网址：https://720yun.com/t/586jrr4fsO2?scene_id=25021907），一起来感受一下全景地图的魅力吧。

## 第一节　全景地图制作

### 一、PTGui 软件简介

PTGui Pro 是一个多功能的图片全景制作工具，以提供可视化界面来实现对图像的拼接，从而创造出高质量的全景图像。PTGui 是著名多功能全景制作工具 Panorama Tools 的一个图形用户界面,是德国数学教授 Helmut Dersch 发明的。PTGui 的名称由 Panorama Tools 缩写 PT 和 GUI（图形化界面）组合而成。

## 二、全景地图制作流程

### （一）创建全景地图

（1）打开 PTGui 软件,如图 4-1 所示。

图 4-1　PTGui 软件界面

（2）点击【1. 加载图像...】,导入拍摄的全景图素材图片,如图 4-2、图 4-3 所示。

图 4-2　加载图像

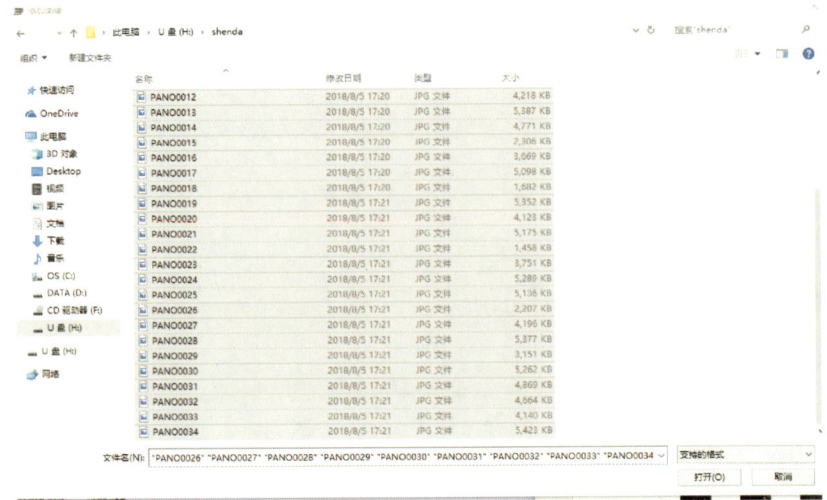

图 4-3　导入素材图片

（3）点击【2. 对准图像...】，如图 4-4 所示，得到初步结果图。

图 4-4　初步结果图

（4）按 "Ctrl＋B"，或者点击如图 4-5 所示工具栏红色框选的按钮，打开如图 4-6 所示的"控制点"界面。

图4-5 点击红色框选的按钮

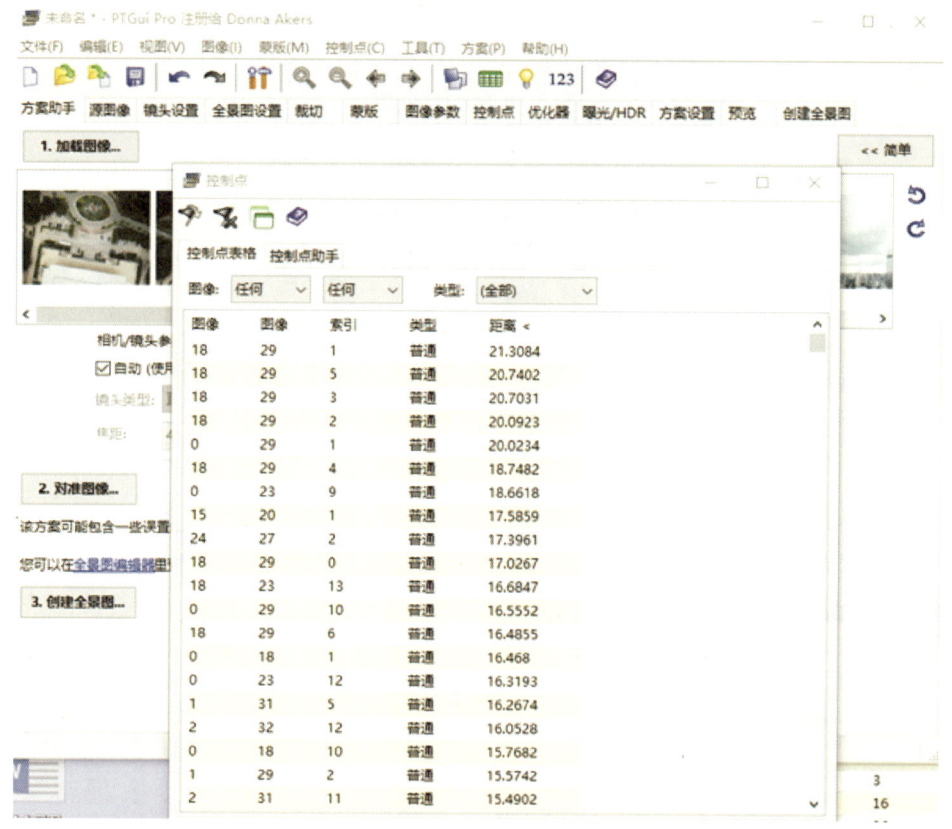

图4-6 "控制点"界面

（5）删除表格中距离数值大于5的控制点，留下的控制点如图4-7所示。

| Img | Img | Index | Type | Distance |
|---|---|---|---|---|
| 2 | 3 | 0 | Normal | 2.51385 |
| 2 | 3 | 12 | Normal | 2.45969 |
| 0 | 5 | 3 | Normal | 2.4587 |
| 1 | 2 | 36 | Normal | 2.44245 |
| 1 | 2 | 31 | Normal | 2.43688 |
| 1 | 2 | 59 | Normal | 2.41258 |
| 1 | 6 | 6 | Normal | 2.39794 |
| 1 | 2 | 3 | Normal | 2.36198 |
| 1 | 2 | 16 | Normal | 2.35402 |
| 2 | 3 | 26 | Normal | 2.343 |
| 1 | 6 | 5 | Normal | 2.31601 |
| 2 | 6 | 16 | Normal | 2.28255 |
| 2 | 6 | 19 | Normal | 2.27304 |
| 1 | 2 | 28 | Normal | 2.26721 |
| 0 | 6 | 9 | Normal | 2.26122 |
| 2 | 6 | 0 | Normal | 2.20491 |
| 0 | 1 | 38 | Normal | 2.19699 |
| 1 | 2 | 89 | Normal | 2.18777 |
| 1 | 2 | 41 | Normal | 2.17225 |
| 0 | 6 | 3 | Normal | 2.1423 |
| 1 | 2 | 46 | Normal | 2.13097 |
| 0 | 1 | 62 | Normal | 2.10071 |

图 4－7　留下的控制点

（6）点击键盘上的【F5】键或者点击菜单栏上的【优化器】，优化后再打开控制点选项，再将距离数值较大的点删除，再按【F5】优化，如图 4－8 所示。

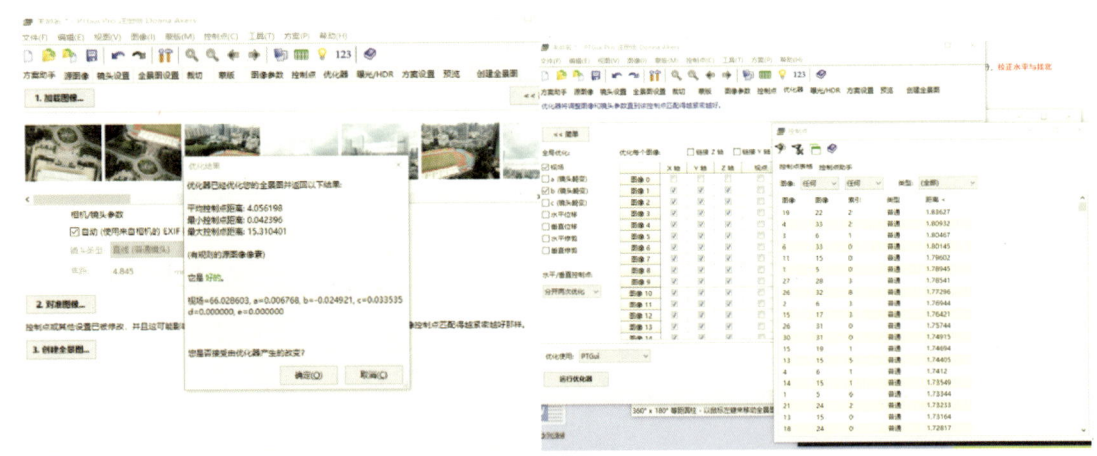

图 4－8　"优化"操作界面

（7）如图 4－9 所示，回到操作主界面，点击【3.创建全景图…】，打开"创建全景图设置"窗口。

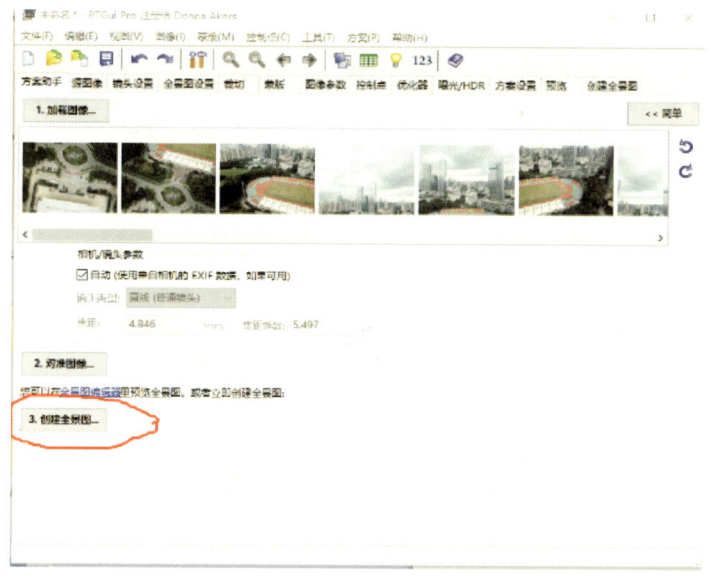

图4-9　点击【3.创建全景图…】

（8）如图4-10所示，设置输出文件的路径和文件名，点击【创建全景图】开始创建，数据处理完成后点击【保存】（见图4-11）。

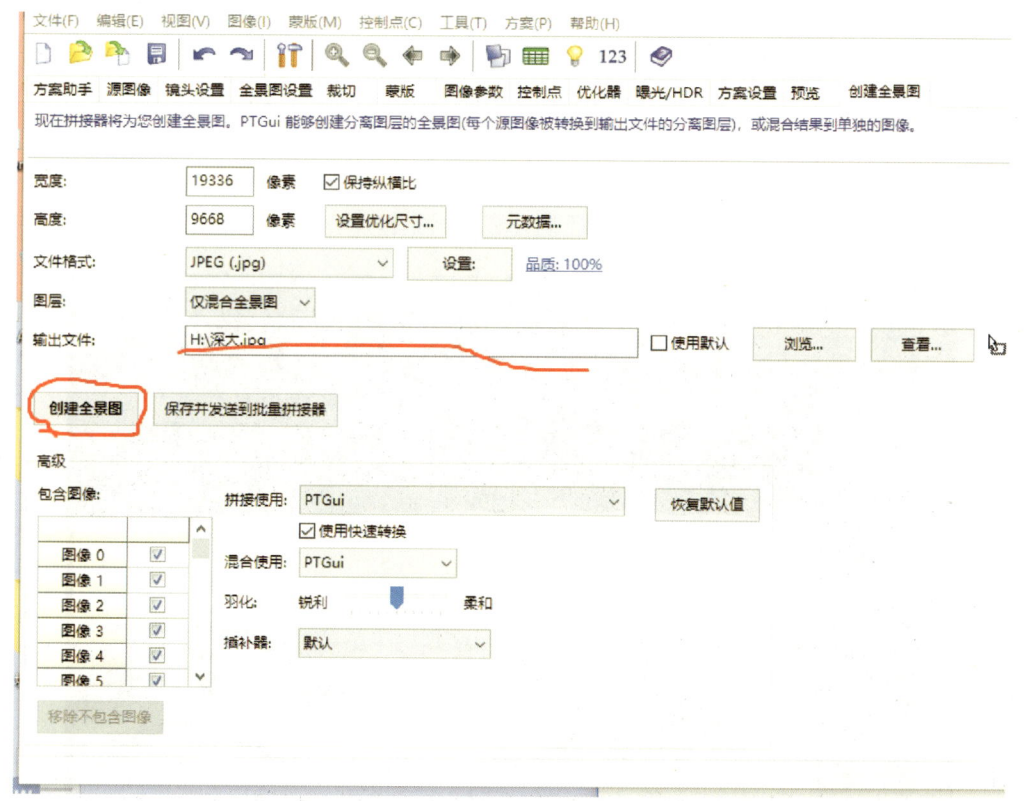

图4-10　创建全景图操作界面

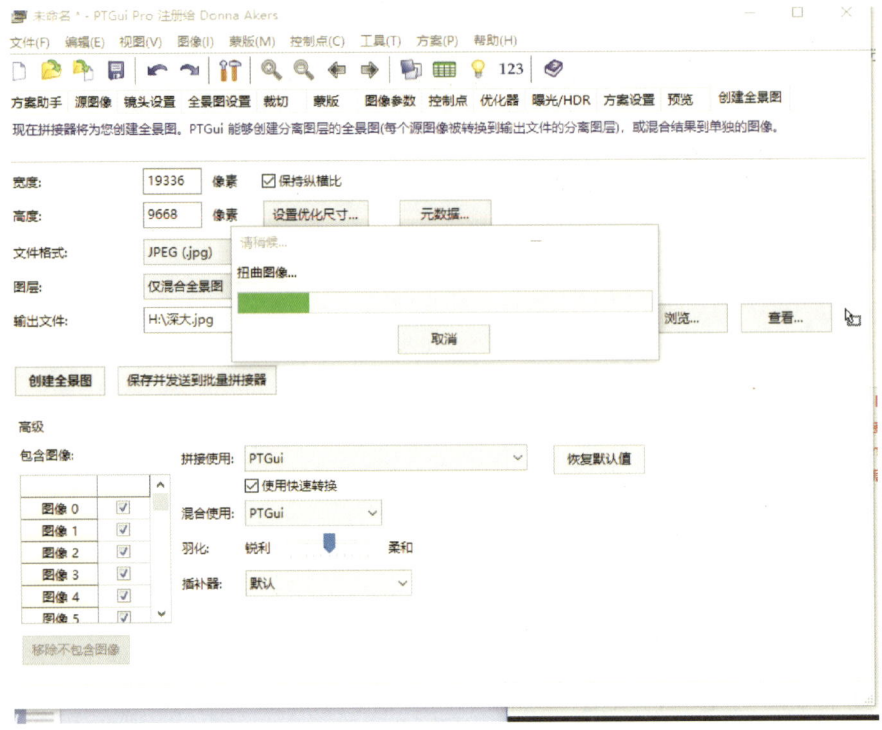

图 4-11 数据处理后并保存

## （二）PS 补天

（1）打开 PhotoShop 软件，依次点击【文件】【打开】。如图 4-12 所示，先打开 PTGui 创建的全景图，再打开如图 4-13 所示的天空图。

图 4-12 全景图

图4-13 天空图

（2）在"天空图"窗口中先按"Ctrl + A"，将天空图全选，再按"Ctrl + C"复制天空图。

（3）切换到"全景图"窗口，按"Ctrl + V"，将天空图粘贴过来，如图4-14所示。

图4-14 粘贴天空图至全景图

(4) 通过移动和拉伸操作,将天空图拉伸移动到合适的位置,如图4-15所示。

图4-15 拉伸天空图至合适位置

(5) 如图4-16所示,选择工具栏上的"橡皮擦工具",并调节橡皮擦的参数。参数调节完成后使用橡皮擦工具对图片的接缝处进行修改,完成后结果如图4-17所示。

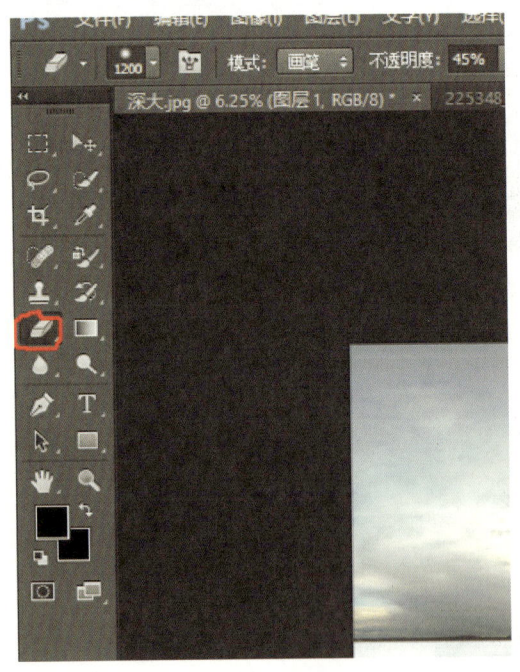 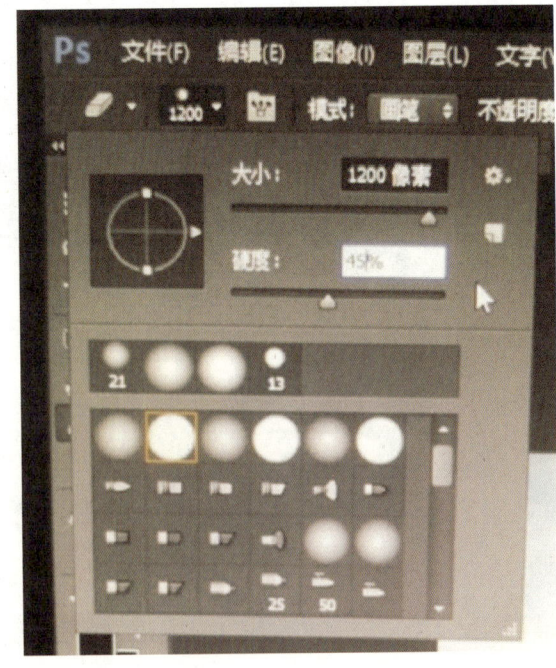

图4-16 调节橡皮擦参数操作示意

第四章 多角度实景视野环游中山公园

图 4-17 图片接缝处修改

（6）修改完成后，依次点击菜单栏上的【图像（I）】【调整（J）】【亮度/对比度（C）...】，打开"亮度/对比度"调节窗口，如图 4-18 所示，将亮度和对比度调整至合适位置。再依次点击菜单栏上的【图像】【调整（J）】【自然饱和度（V）...】，如图 4-19 所示，打开"自然饱和度"调节窗口，将自然饱和度和饱和度调整至合适位置。

图 4-18 调整亮度和对比度

119

图4-19 调整自然饱和度和饱和度

（7）依次点击【文件】【存储为（A）…】，打开"另存为"界面，设置文件路径和文件名后，选择保存类型为"JPEG"，点击【保存】。

## 第二节 全景地图优化

### 一、控制点概述

控制点（Control Point）用来指示出现在两个不同图像中的相同物理对象。通过精确定位两个不同影像中的特定对象，PTGui Pro 知道这两个图像是如何相关的。具有重叠度的两张照片会有一些相同的特征对象，计算机根据这些相同的特征对象计算出"指纹"，"指纹"可以用来识别特征对象。即使图像出现失真、变大、变小、颜色变化时，"指纹"也会保持不变。但是计算机在计算"指纹"过程中的算法不是很完美，会出现一些错误判断，这时通过人工增加控制点，就可以很好地解决图像拼接过程的错位问题。

### 二、蒙版简介

在使用 PTGui Pro 软件进行全景地图制作时，相邻照片之间会出现模糊、错位等问题，蒙版（Mask）可以擦除不需要的物体，解决接缝模糊等问题。

## 三、全景地图优化流程

(1) 打开 PTGui 软件，如图 4-20 所示。

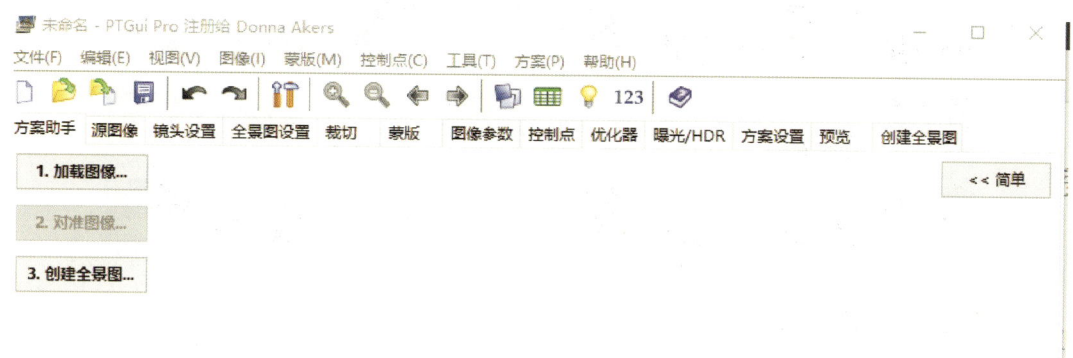

图 4-20　打开 PTGui 软件

(2) 如图 4-21 所示，点击【1. 加载图像...】按钮，如图 4-22 所示导入"zhongshanpark"文件夹中的所有图片。

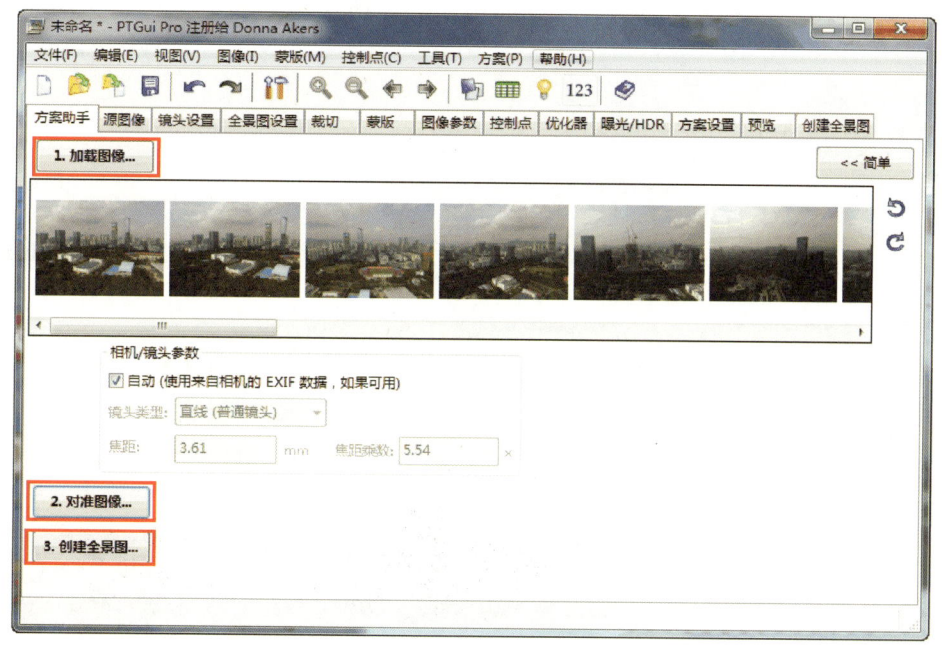

图 4-21　加载图像操作界面

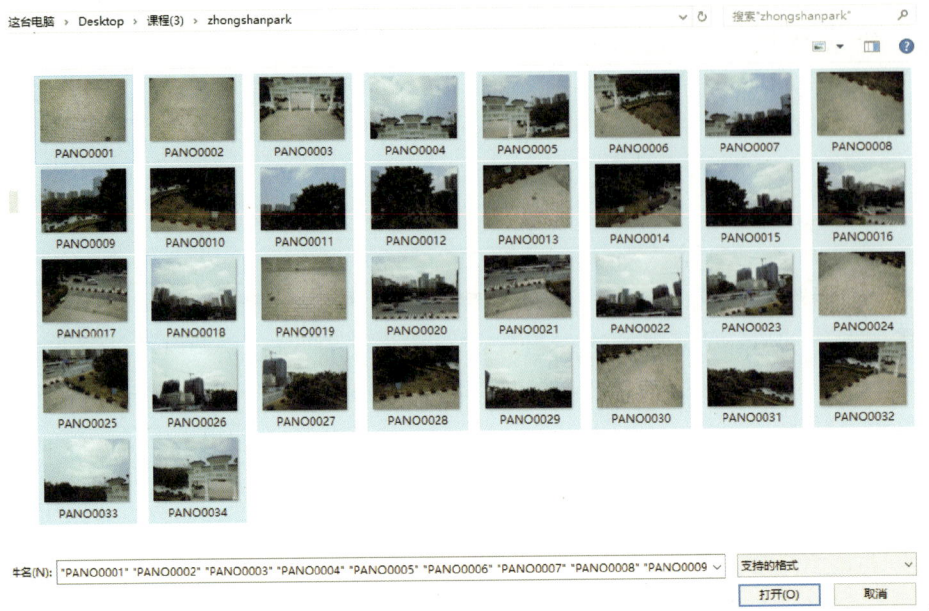

图 4-22　导入相关图片

（3）点击【2. 对准图像...】，得到如图 4-23 所示的初步结果图，关闭全景图编辑器。

图 4-23　初步结果图

（4）按"Ctrl + B"，或者点击如图 4-24 所示工具栏红色框选的按钮，打开如图 4-25 所示的"控制点"界面，并删除距离数值大于 10 的控制点。

图 4-24　点击红色框选的按钮

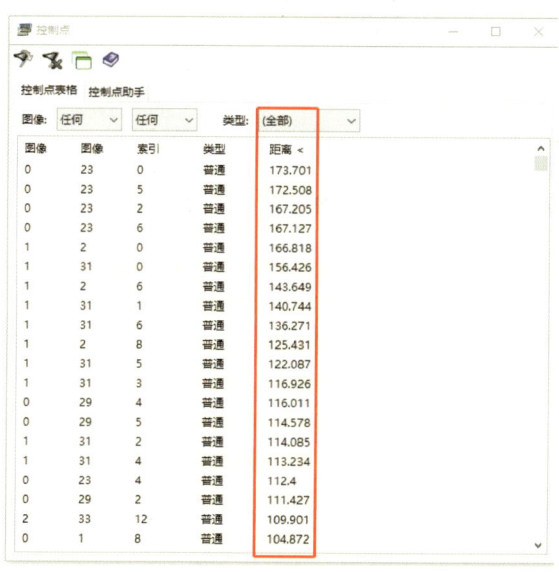

图 4-25　"控制点"界面

（5）点击键盘上的【F5】键或者点击菜单栏上的【优化器】，优化后再打开控制点选项，再将距离数值大于 9 的点删除，再按【F5】优化，重复操作直到所有点的数值都小于 10，如图 4-26 所示。

 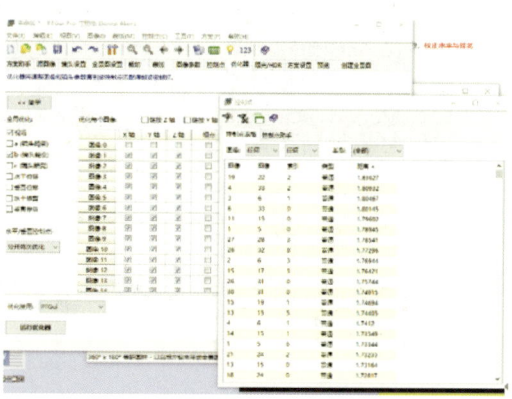

图 4-26　"优化"操作界面

（6）回到操作主界面，如图4－27所示，依次点击菜单栏上的【工具】【细节查看器】，打开"细节查看器"工具。

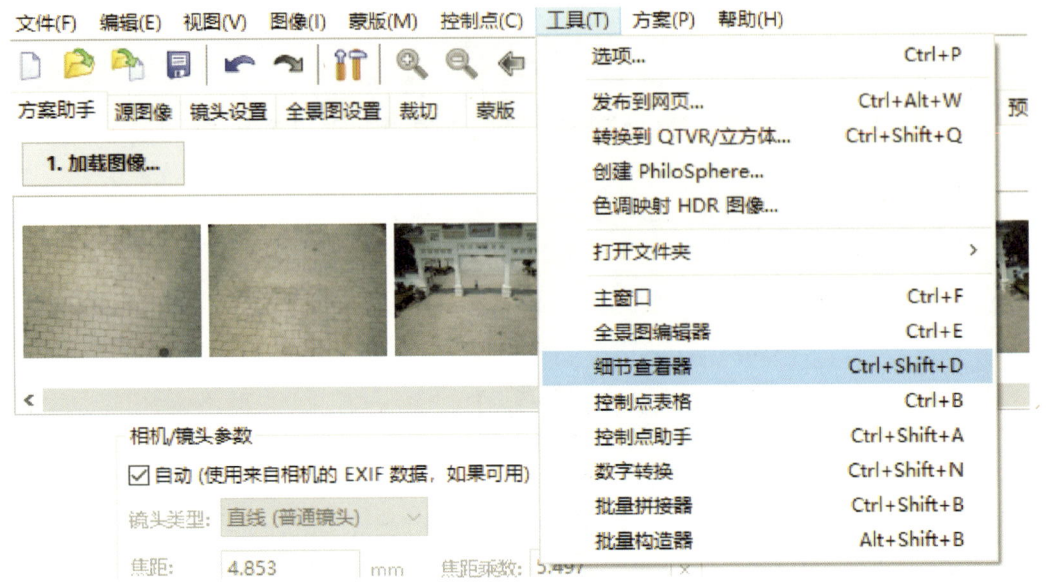

图4－27　打开"细节查看器"工具

（7）如图4－28所示，在"细节查看器"中查看错位和模糊的区域，鼠标左键可以左右移动图片，按住 Ctrl＋鼠标滑轮可以对图片进行放大缩小。观察形成错位图片的编号。

图4－28　查看图片的错位和模糊区域

（8）如图4-29所示，点击菜单栏上的【控制点】按钮，再点击形成错位的两张照片编号，在两张图片内添加控制点（15个），控制点要求是两张照片上相同特征的点，然后按【F5】进行优化。

图4-29 添加控制点

（9）优化完成后的结果如图4-30所示，然后点击【确定】退出。如图4-31所示，此时依次点击菜单栏上的【工具】【细节查看器】可发现错位区域已变好。

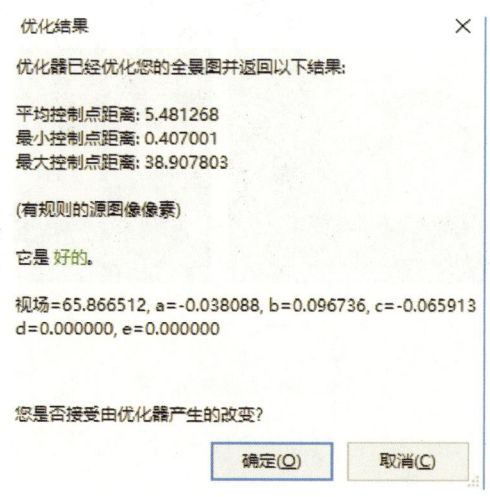

图4-30 优化完成后，点击【确定】退出

中学生地理信息技术实用教程

图 4-31 错位区域已变好

（10）在"细节查看器"中寻找其他错位的地方，重复第（8）（9）步的操作。

（11）对于错位比较小，添加控制点也无法校正的区域需要用蒙版工具。点击菜单栏上的【蒙版】。如图 4-32 所示，将细节查看器和主界面都显示在桌面，方便操作。

图 4-32 使用蒙版工具

（12）在错位处单击（撤回操作可以按"Ctrl+Z"），检查是否还有错位。待整个图都检查完毕后，返回方案助手界面。

（13）如图 4-33 所示，依次点击【方案助手】【3. 创建全景图…】，打开创建全景图设置窗口。如图 4-34 所示，输出路径可以选择自己常用的文件夹，设置完成后点击【创建全景图…】。

图 4-33　方案助手界面

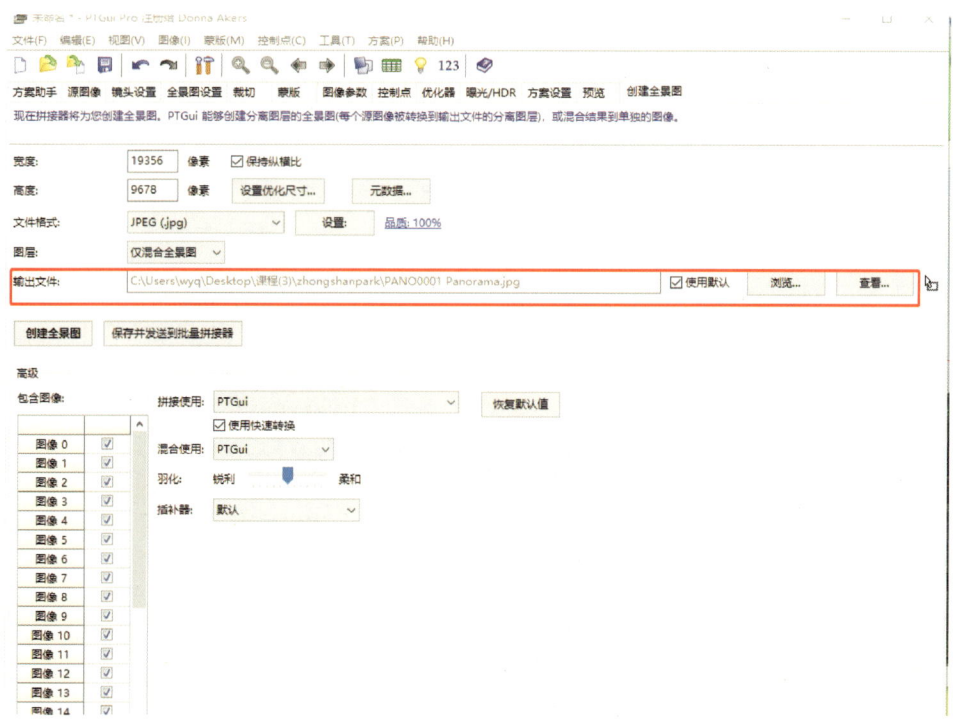

图 4-34　设置输出路径

## 第三节　漫游图制作

### 一、Krpano 软件简介

Krpano 是一款全景漫游制作软件和工具。用 Krpano 所生成的全景，在兼容性、功能性、互动性方面的表现都很不错，而且可以二次开发并拥有自己的编程语言，比如使用专用的 Krpano xml 代码编写全景漫游，可开发出高度定制化的项目。因此，目前主流的全景网站均是在 Krpano 全景的基础上进行开发，并不断进行更新迭代，形成自己独有的全景内容服务。

Krpano 的特点：

（1）拥有高度灵活、性能卓越的轻量化全景漫游浏览器。

（2）兼容 HTML5 和 Flash，支持 WebGL 下的 WebVR 展示。

（3）使用专用的 Krpano xml 代码编写全景漫游，可开发出高度定制化的项目，也可利用 Krpano 工具开发在线全景制作及展示平台。

（4）支持多种类型的全景图及全景视频和环物全景。

（5）支持多种投影模式。

（6）同时提供简单高效的批量处理方式，可在无须代码干预下迅速生成一个基本功能兼备的全景漫游项目。

Krpano 软件 1.19 版共有 9 种功能，对应如图 4-35 所示红色框选部分的内容依次为：

（1）全景图转六面体。

（2）六面体转全景图。

（3）XML 文件加密。

（4）矩阵接片大图生成多级碎片。

（5）全景图生成多级碎片。

（6）全景图生成普通六面体图片。

（7）全景图生成单个 SWF 文件。

（8）多个全景图漫游生成多级碎片。

（9）多个全景图漫游生成普通六面体图片。

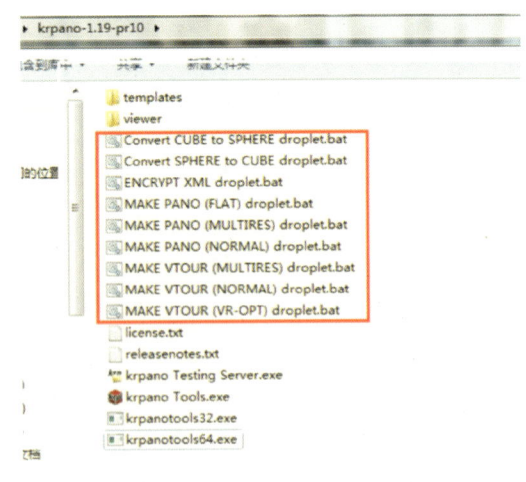

图 4-35　Krpano 软件的 9 种功能

## 二、案例赏析

（1）如图 4-36 所示，打开"krpano-1.19-pr6 \ viewer \ examples \ demotour-kuchlerhaus"文件夹下的"index"文件。

图 4-36　打开"index"文件

（2）打开文件后，进入漫游图界面。如图 4-37、图 4-38、图 4-39 所示，点击图中箭头可以进入建筑内部，点击鼠标右键可以切换不同视角。

图 4-37　点击箭头可进入建筑内部

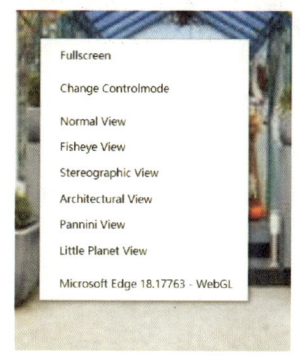

图 4-38　点击右键可切换不同视角

图 4-39　进入建筑内部

### 三、制作漫游图

（1）如图 4－40 所示，将"全景图"文件夹下的"shenda"文件直接拖入到"krpano－1.19－pr6"文件夹下的"MAKE VTOUR（MULTIRES）droplet"文件中，然后会生成如图 4－41 所示的"进度"界面，等待完成即可。

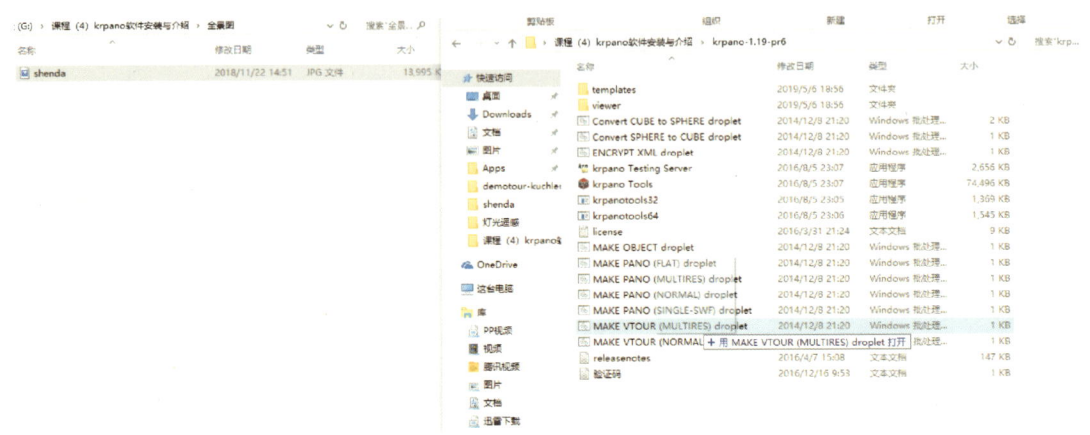

图 4－40　相关操作界面

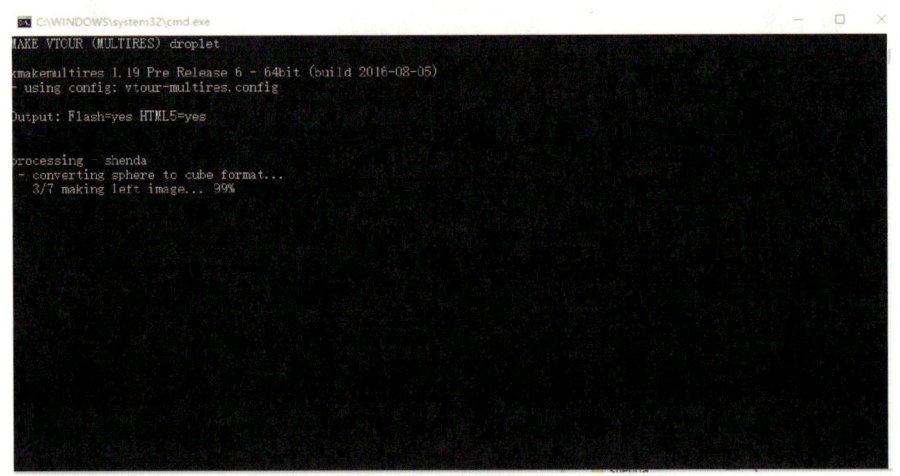

图 4－41　"进度"界面

（2）进度完成后，在"全景图"文件夹中会生成一个"vtour"文件夹。如图 4－42 所示，双击打开"vtour"文件夹下的"tour"文件，会打开如图 4－43 所示的网页界面，可以在该网页界面中进行浏览。

图4-42 打开"tour"文件

图4-43 网页界面

## 第四节 多VR场景融合

### 一、XML和HTML介绍

XML（Extensible Markup Language，可扩展标记语言）是一种用于标记电子文件使其具有结构性的标记语言。在电子计算机中，标记指计算机所能理解的信息符号，通过此种标记，计算机之间可以处理各种信息比如文章等。它可以用来标记数据、定义数据类型，是一种允许用户对自己的标记语言进行定义的源语言。它非常适合万维网传输，提供统一的方法来描述和交换独立于应用程序或供应商的结构化数据。是 Internet 环境中跨平台的、依赖于内容的技术，也是当今处理分布式结构信息的有效工具。早在 1998 年，W3C 就发布了 XML1.0 规范，使用它来简化 Internet 的文档信息传输。

HTML（Hyper Text Markup Language，超文本标记语言）标准通用标记语言下的一个应用。HTML 不是一种编程语言，而是一种标记语言（Markup Language），是网页制作所必备的。超级文本标记语言是标准通用标记语言下的一个应用，也是一种规范、一种标准。它通过标记符号来标记要显示的网页中的各个部分。网页文件本身是一种文本文件，通过在文本文件中添加标记符，可以告诉浏览器如何显示其中的内容（如：文字如何处理，画面如何安排，图片如何显示等）。浏览器按顺序阅读网页文件，然后根据标记符解释和显示其标记的内容，对书写出错的标记将不指出其错误，且不停止其解释执行过程，编制者只能通过显示效果来分析出错原因和出错部位。但需要注意的是，对于不同的浏览器，对同一标记符可能会有不完全相同的解释，因而可能会有不同的显示效果。

## 二、多 VR 场景融合

（1）如图 4-44 所示，将"课程（5）多 VR 场景融合 \ vr"文件夹下的所有文件，复制粘贴到"课程（5）多 VR 场景融合 \ vtour \ panos"文件夹下。

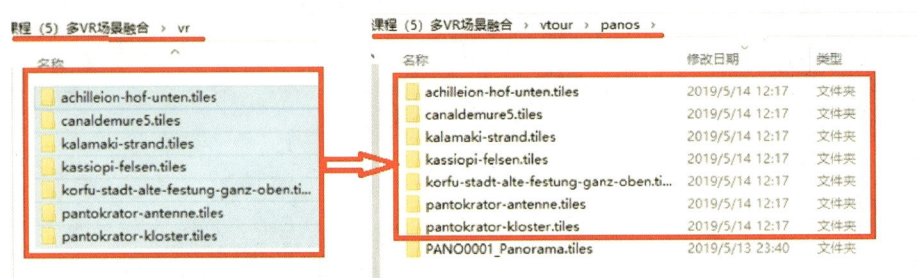

图 4-44　复制粘贴操作示意

（2）如图 4-45 所示，选中"课程（5）多 VR 场景融合 \ vtour"文件夹下的"tour．xml"文件，点击鼠标右键，选择【Edit with Notepad＋＋】，打开后的内容如图 4-46所示（没有装 Notepad＋＋软件的也可以用"记事本"打开）。

图 4-45 相关操作步骤示意

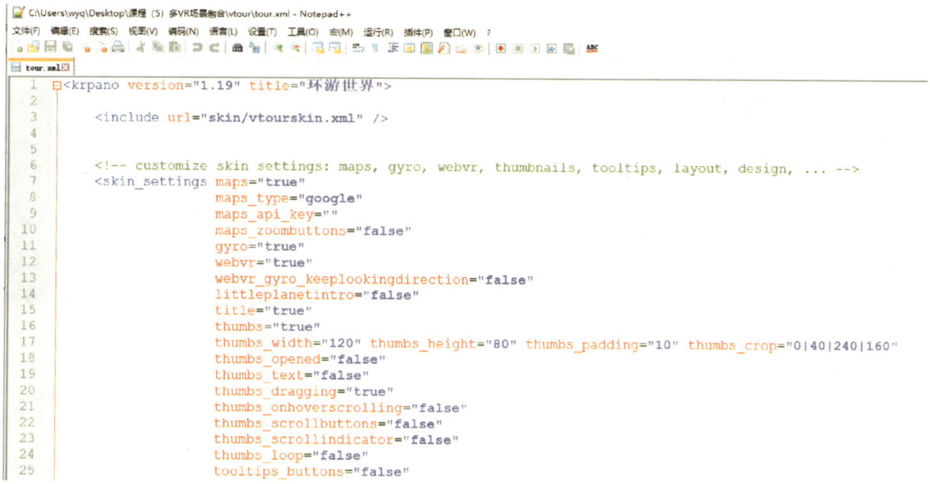

图 4-46 打开后的内容

(3) 打开"课程（5）多 VR 场景融合 \ vtour"文件夹下的"代码"文件，将"代码"文件中的所有内容复制粘贴到"tour. xml"文件的倒数第二行，如图 4-47 所示的位置，之后依次点击【文件（F）】【保存（S）】，然后关闭 Notepad++软件。

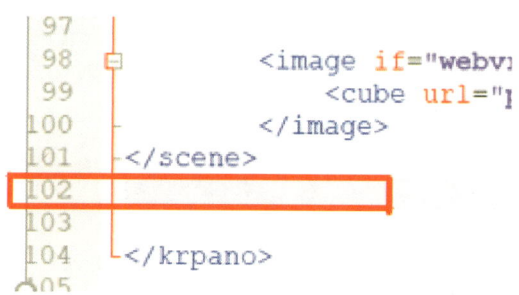

图 4-47 复制粘贴到此处

（4）双击打开"课程（5）多 VR 场景融合 \ vtour"文件夹下的"tour. hmtl"文件，进入漫游场景，点击左下角方块，可以看到多个 VR 场景，如图 4－48 所示。

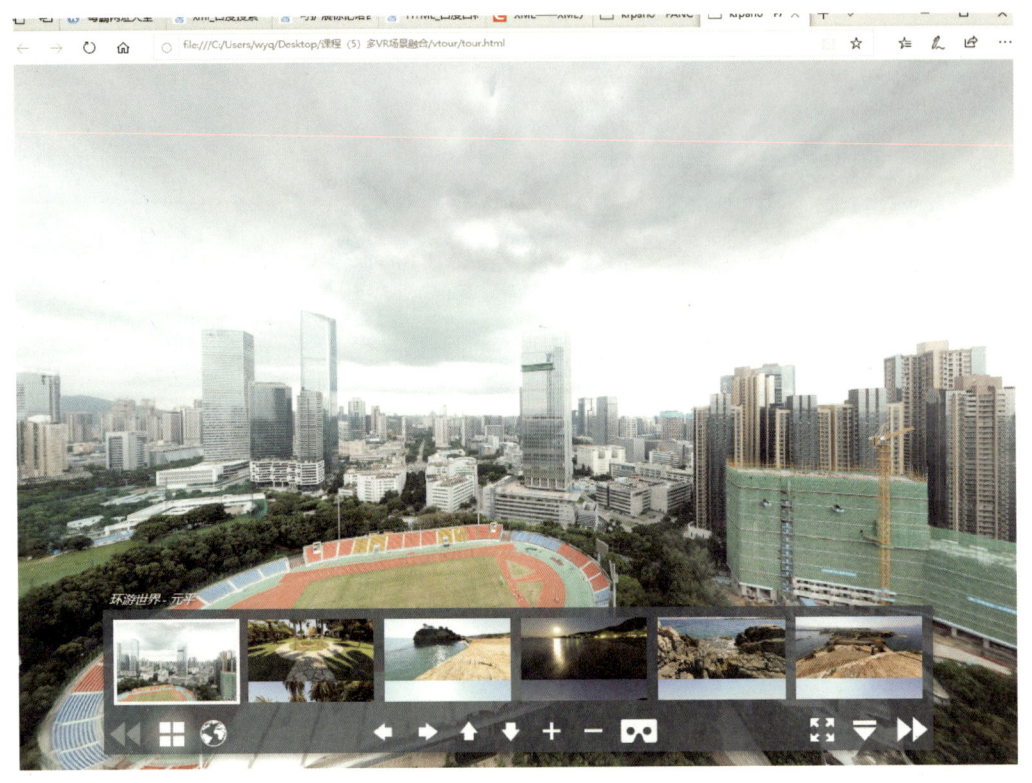

图 4－48　多个 VR 场景

（5）按照上述流程把"中山公园"文件夹内的 10 个文件生成 10 个 VR 场景。将生成的 10 个"vtour"开头的文件按序号命名，存放在一个文件夹中，这里以"zhongshanpark"文件夹为例，如图 4－49 所示。

图 4－49　将文件按序号命名

（6）将“zhongshanpark \ vtour2 ~ 10 \ panos”文件夹下“. tiles”结尾的文件夹复制到“zhongshanpark \ vtour1 \ panos”文件夹里面，如图 4 – 50 所示。

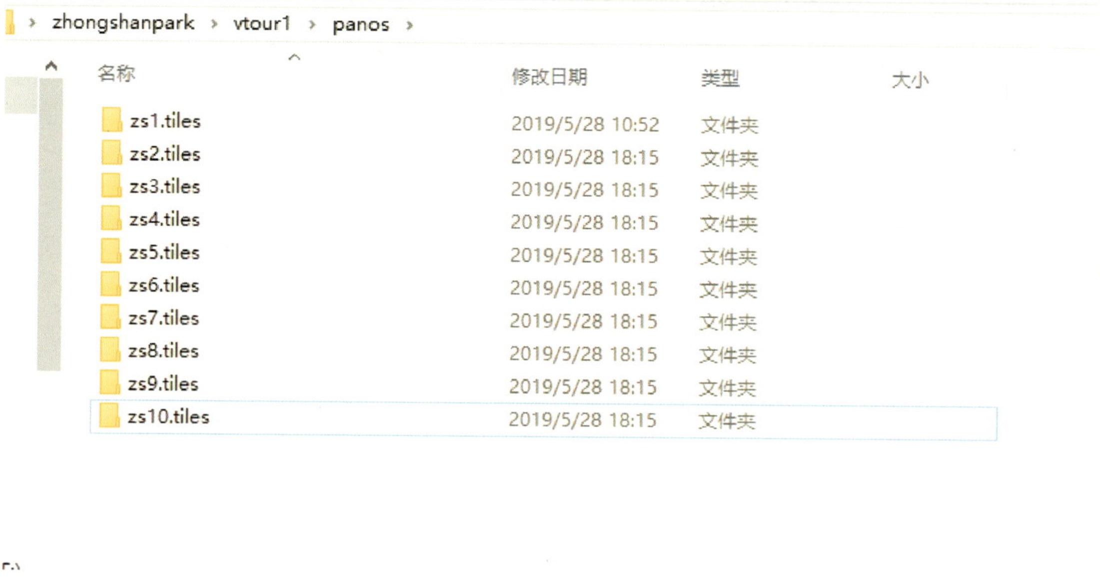


图 4 – 50　复制后的结果

（7）将“zhongshanpark \ vtour2”文件夹下的“tour. xml”文件用 NotePad + + 打开，打开后将其第 77 ~ 104 行代码复制粘贴到“zhongshanpark \ vtour1”文件夹下“tour. xml”文件中的倒数第 2 行，如图 4 – 51 所示。

```
77  <scene name="scene_zs" title="zs" onstart="" havevrimage="true" thumburl="panos/zs1.tiles/thumb.jpg" lat="22.53902833" lng="113.9
78
79      <view hlookat="0" vlookat="0" fovtype="MFOV" fov="120" maxpixelzoom="2.0" fovmin="70" fovmax="140" limitview="auto" />
80
81      <preview url="panos/zs.tiles/preview.jpg" />
82
83      <image type="CUBE" multires="true" tilesize="512" if="!webvr.isenabled">
84          <level tiledimagewidth="6144" tiledimageheight="6144">
85              <cube url="panos/zs1.tiles/%s/l4/%v/l4_%s_%v_%h.jpg" />
86          </level>
87          <level tiledimagewidth="3072" tiledimageheight="3072">
88              <cube url="panos/zs1.tiles/%s/l3/%v/l3_%s_%v_%h.jpg" />
89          </level>
90          <level tiledimagewidth="1536" tiledimageheight="1536">
91              <cube url="panos/zs1.tiles/%s/l2/%v/l2_%s_%v_%h.jpg" />
92          </level>
93          <level tiledimagewidth="768" tiledimageheight="768">
94              <cube url="panos/zs1.tiles/%s/l1/%v/l1_%s_%v_%h.jpg" />
95          </level>
96      </image>
97
98      <image if="webvr.isenabled">
99          <cube url="panos/zs1.tiles/vr/pano_%s.jpg" />
100     </image>
101
102     <!-- place your scene hotspots here -->
103
104 </scene>
```

图 4 – 51　复制粘贴第 77 ~ 104 行代码

（8）重复（7）的操作，分别将“vtour3 ~ 10”文件夹下的“tour. xml”文件中 77 ~ 104行代码复制粘贴到“vtour1”文件夹下的“tour. xml”文件中。

## 第五节　VR 场景优化

### 一、添加背景音乐

（1）将"课程（7）中山公园 VR 场景优化 \ BGM"文件夹下的"bgm1. mp3"文件（可以任意选择一个，这里以 bgm1. mp3 为例）复制粘贴到"zhongshanpark \ vtour1"文件夹下，如图 4-52 所示。

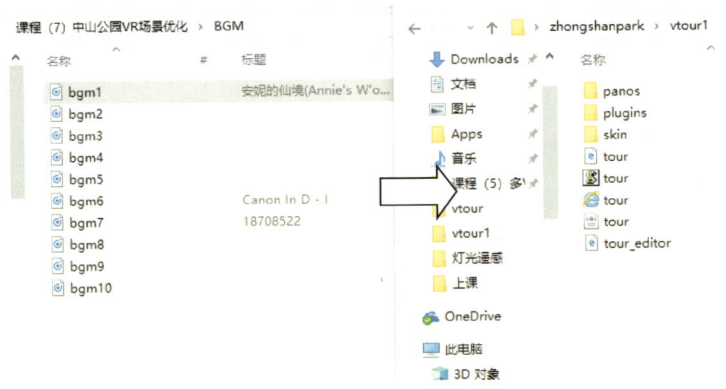

图 4-52　复制粘贴到指定文件夹

（2）如图 4-53 所示，选择"zhongshanpark \ vtour1 \ skin"文件夹下的"vtourskin. xml"文件并点击右键，然后点击【Edit with Notepad++】打开。打开后在"vtourskin. xml"文件的第 106 行输入如图 4-54 所示的代码，完成后依次点击【文件】【保存】。

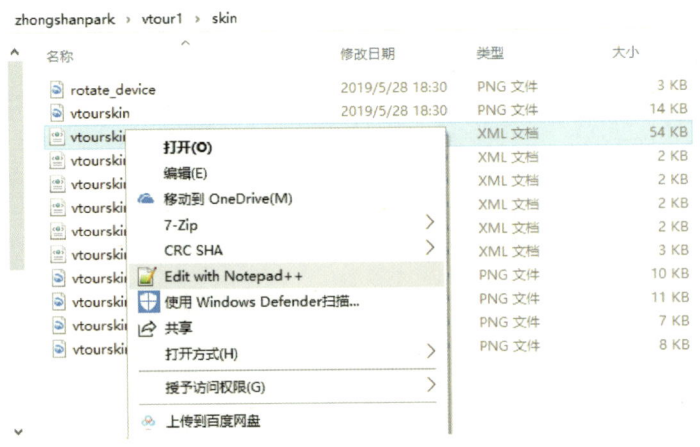

图 4-53　操作步骤示意

```
<!-- START:音乐控制 -->
<plugin name="soundinterface"
        url="%SWFPATH%/plugins/soundinterface.swf"
        alturl="%SWFPATH%/plugins/soundinterface.js"
        rootpath="" preload="true"
        keep="true" volume="1.0"
        />
<!-- 音乐控制 -->
<plugin name="skin_btn_snd"
        style="skin_base|skin_glow"
        crop="0|704|64|64"
        align="righttop"
        x="15" y="17" scale="0.5"
        onloaded="if(ismobile,set(scale,1));"
        onclick="pausesoundtoggle(bggsnd123); switch(crop, 0|704|64|64, 64|704|64|64);"
        />
```

图 4-54 输入代码

(3) 打开"vtour1"文件夹，右键点击"tour.xml"文件，然后点击【Edit with Notepad++】，如图 4-55 所示，将 73 行的"playsound（bggsnd,'bgm.mp3',0);"代码替换成如下背景音乐播放代码：if（startscene === null, copy（startscene, scene[0].name););

loadscene（get（startscene）, null, MERGE);

playsound（bggsnd,'bgm.mp3',0);

if（autorotate.enabled, bombtimer（0));

playsound（bggsnd123,'bg.mp3',0);

```
68      <!-- startup action - load the first scene -->
69      <action name="startup" autorun="onstart">
70          if(startscene === null OR !scene[get(startscene)], copy(startscene,scene[0].name); );
71          loadscene(get(startscene), null, MERGE);
72          if(startactions !== null, startactions() );
73          if(startscene === null, copy(startscene,scene[0].name));
74              loadscene(get(startscene), null, MERGE);
75              playsound(bgsnd, 'bgm.mp3', 0);
76              if(autorotate.enabled,bombtimer(0));
77              playsound(bggsnd123, 'bg.mp3', 0);
78      </action>
```

图 4-55 代码替换

## 二、参数调整

(1) 选择"zhongshanpark \ vtour1"文件夹下的"tour.xml"文件并点击右键，然后点击【Edit with Notepad++】打开。打开后将第 1 行的"title=##"修改为"title=环游中山公园"，如图 4-56 所示。

图 4-56 修改代码

（2）如图 4-57 所示，将"</scene>"下每行的"scene"中的"title"改为景点序号或者进行自定义命名（每行"scene"的"title"都需要修改）。

图 4-57 修改每行"scene"的"title"

## 第六节　数字正射影像制作

### 一、数字正射影像概述

数字正射影像图（DOM，Digital Orthophoto Map）是对航空（或航天）相片进行数字微分纠正和镶嵌，按一定图幅范围裁剪生成的数字正射影像集，它是同时具有地图几何精度和影像特征的图像。

DOM 具有精度高、信息丰富、直观逼真、获取快捷等优点，可作为地图分析背景控制信息，也可从中提取自然资源和社会经济发展的历史信息或最新信息，为防治灾害和公共设施建设规划等应用提供可靠依据；还可从中提取和派生新的信息，实现地图的修测更新。

该图的技术特征为：数字正射影像，地图分幅、投影、精度、坐标系统、与同比例尺地形图一致，图像分辨率为输入大于 400dpi、输出大于 250dpi。由于 DOM 是数字的，在计算机上可局部开发放大，具有良好的判读性能与量测性能和管理性能等。DOM 可作为独立的背景层与地名注名、坐标注记、经纬度（线）、图廓线公里格、公里格网及其他要素层复合，制作各种专题图。

## 二、PhotoScan 软件简介

PhotoScan 是一款基于影像自动生成高质量三维模型的优秀实景建模软件，这对于 3D 建模需求来说实在是一把利器。

PhotoScan 无须设置初始值，无须相机检校，它根据最新的多视图三维重建技术，可对任意照片进行处理，无须控制点，而通过控制点则可以生成真实坐标的三维模型。照片的拍摄位置是任意的，无论是航摄照片还是高分辨率数码相机拍摄的影像都可以使用。整个工作流程无论是影像定向还是三维模型重建过程都是完全自动化的。

PhotoScan 可生成高分辨率真正射影像（使用控制点可达 5cm 精度）及带精细色彩纹理的 DEM 模型。完全自动化的工作流程，即使非专业人员也可以在一台电脑上处理成百上千张航空影像，生成专业级别的摄影测量数据。

## 三、DOM 制作

（1）如图 4-58 所示，依次点击菜单栏上的【Tools】【Preferences…】，打开"PhotoScan Preferences"窗口，分别点击"PhotoScan Preferences"窗口中的【General】【GPU】【Advanced】选项卡进行相关参数的设置。如图 4-59 至图 4-61 所示。

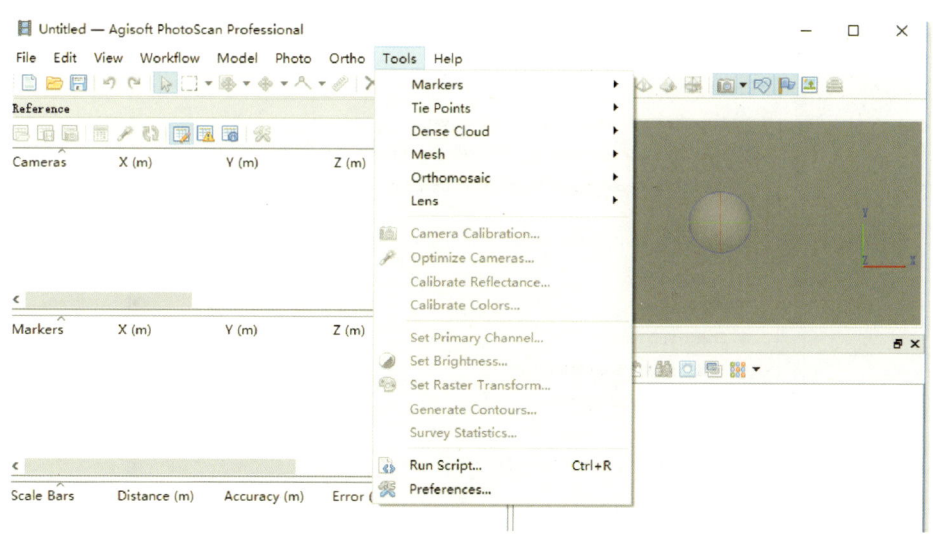

图 4-58 打开"PhotoScan Preferences"窗口

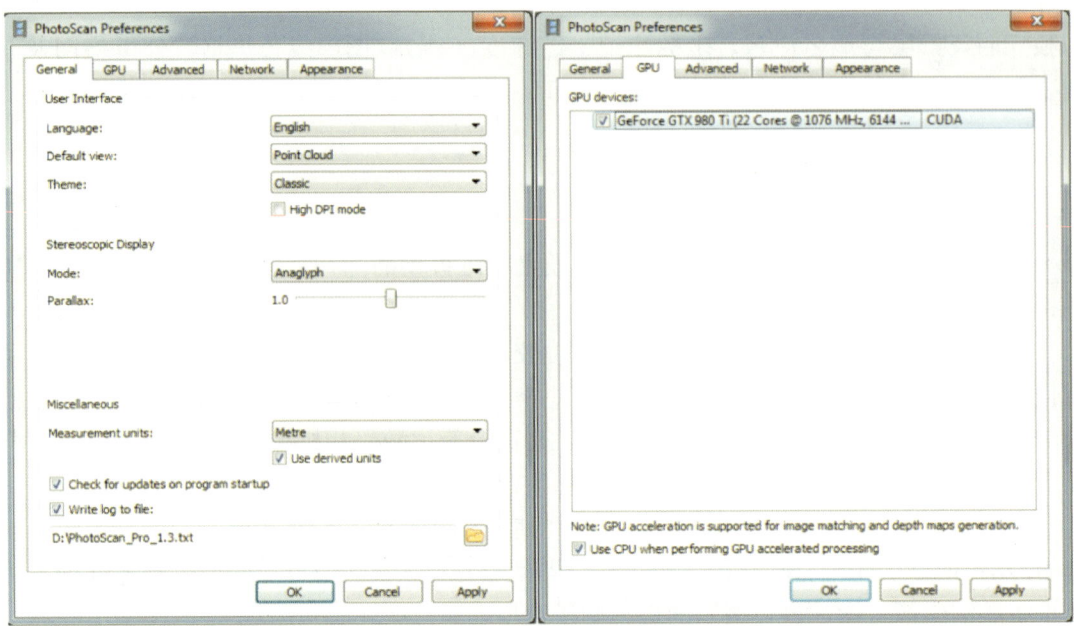

图 4–59　点击【General】进行参数设置　　　图 4–60　点击【GPU】进行参数设置

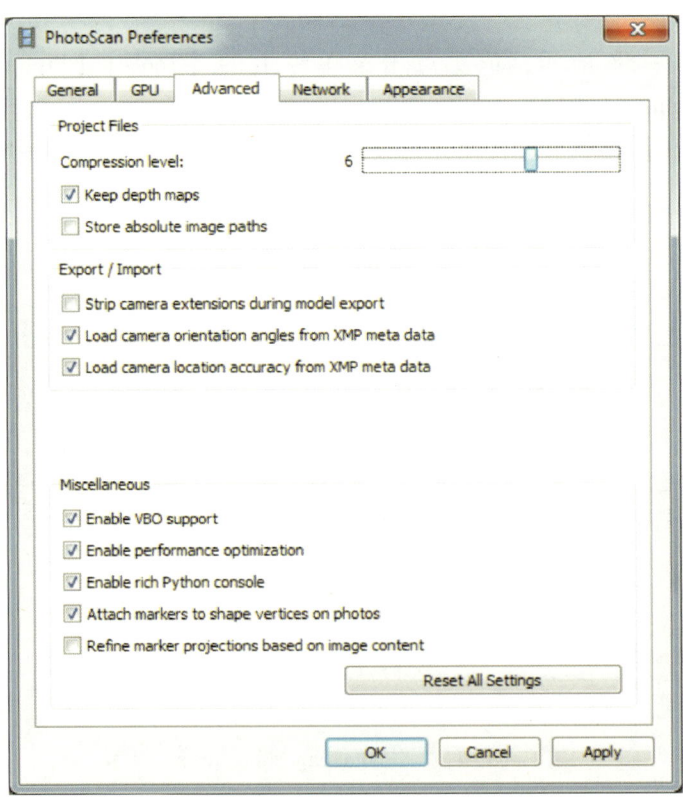

图 4–61　点击【Advanced】进行参数设置

（2）如图4-62所示，依次点击菜单栏上的【Workflow】【Add Photos...】，打开如图4-63所示的窗口，选择"zhongshanpark"文件夹下的全部图片，点击【打开】加载全部图片。

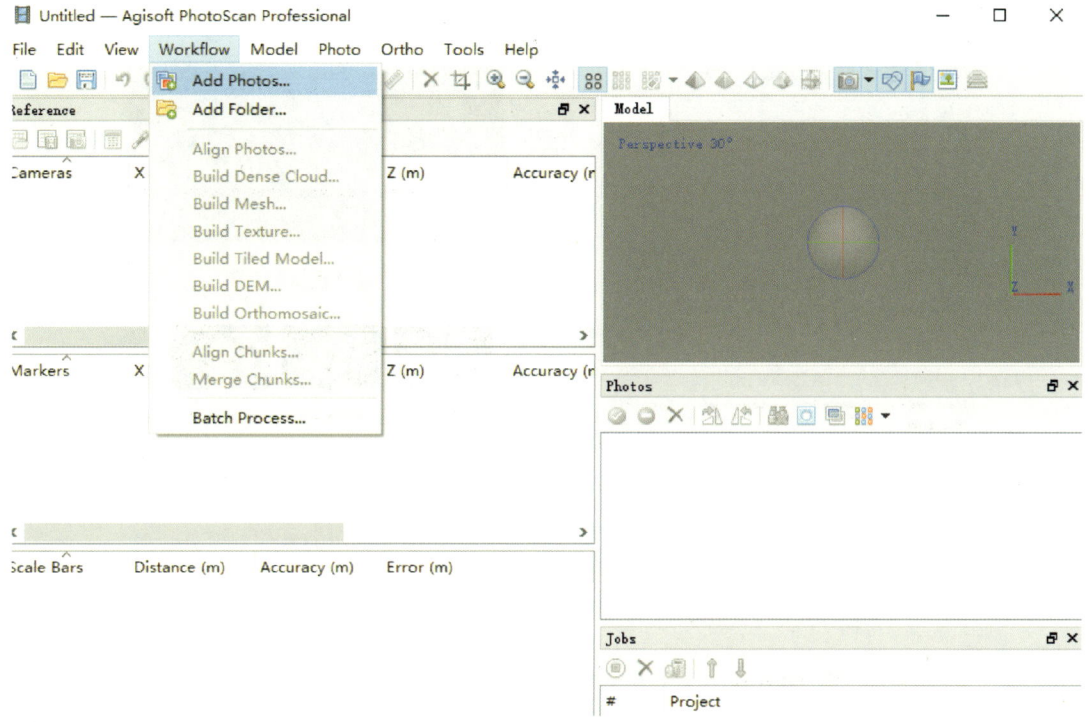

图4-62　打开"加载图片"窗口

图4-63　加载图片操作界面

（3）如图4-64所示，依次点击菜单栏上的【Workflow】【Align Photos...】，打开"Align Photos"窗口，进行如图4-65所示的设置后，点击【OK】开始对齐图片。

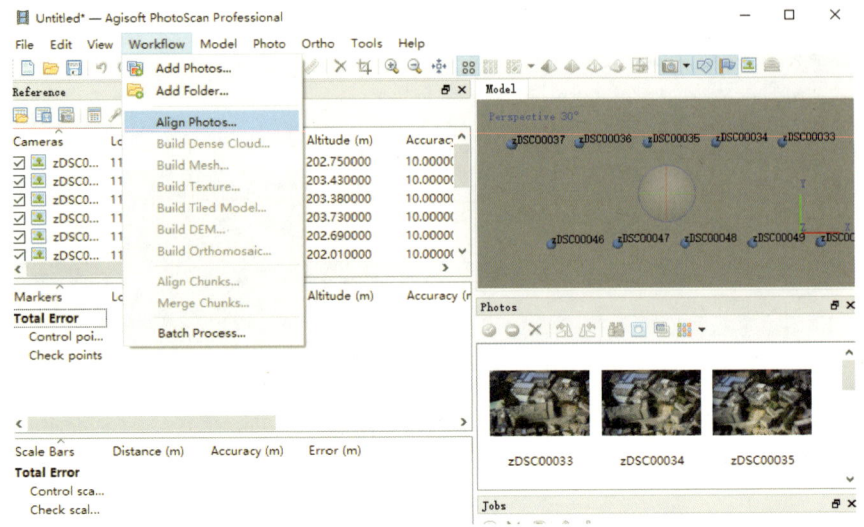

图4-64 打开"Align Photos"窗口

图4-65 "Align Photos"相关设置

（4）如图4-66所示，点击菜单栏上的 图标进行设置边界（Set Bounding Box）。如图4-67所示，鼠标点击边界框拖拽，可以进行调整。

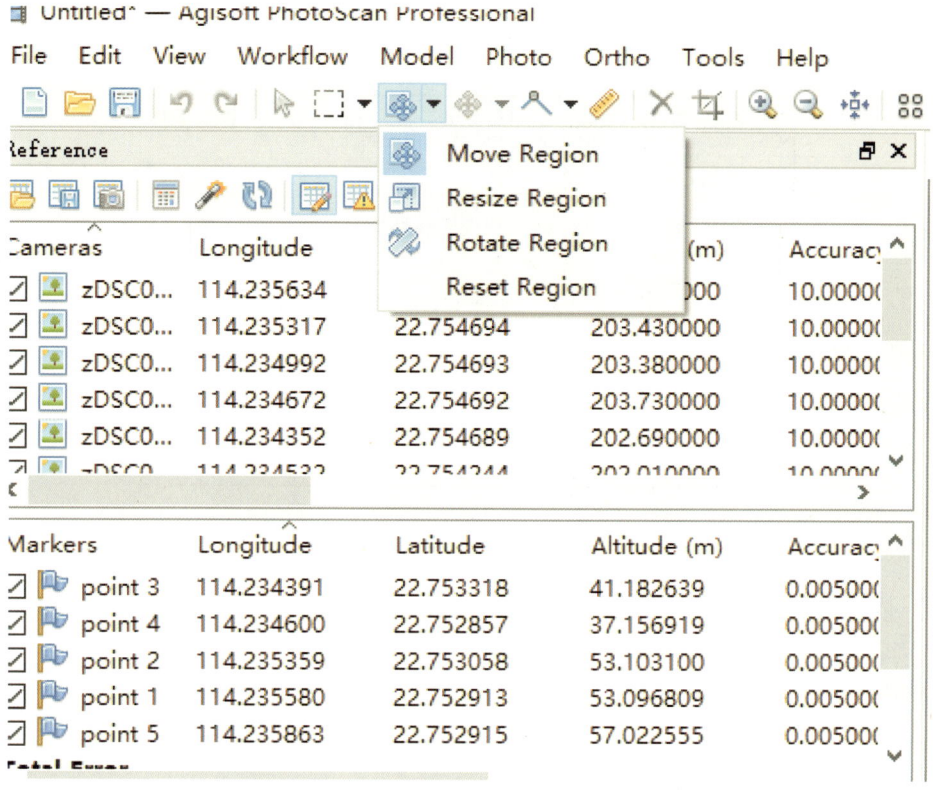

图 4-66　设置边界

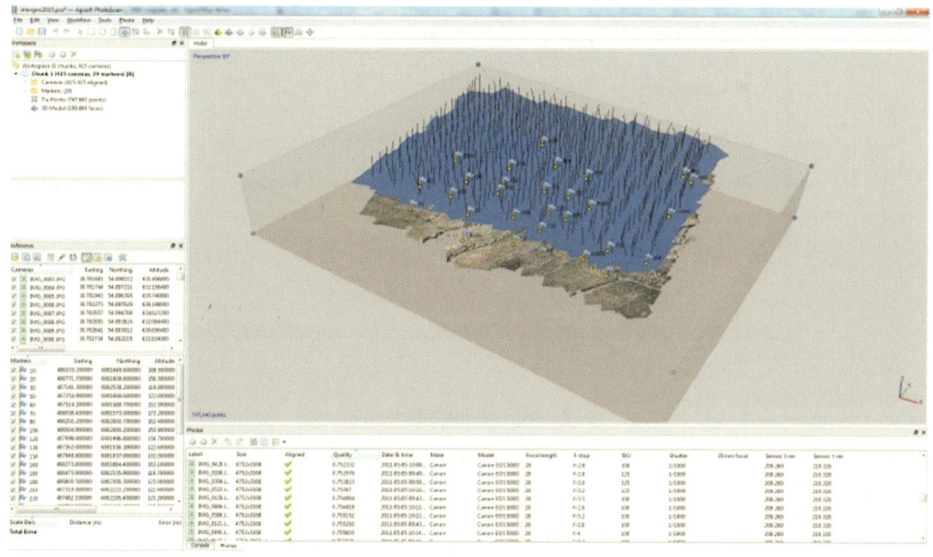

图 4-67　边界框调整

（5）依次点击菜单栏上的【Workflow】【Build Dense Point Cloud】，打开生成密集点云（Build Dense Cloud）窗口，进行如图4-68所示的设置，完成后点击【OK】。

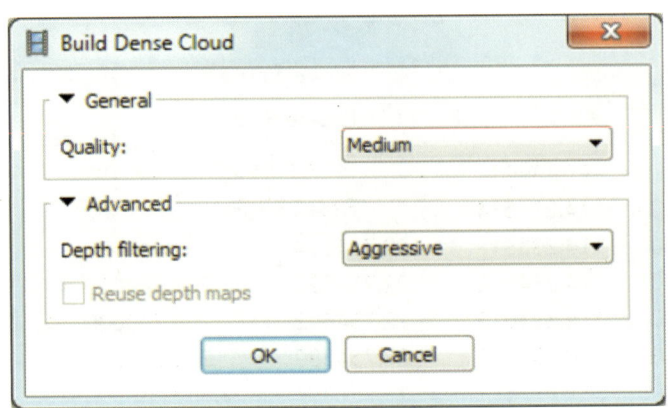

图4-68　Build Dense Cloud 设置

（6）依次点击菜单栏上的【Workflow】【Build Mesh】，打开生成网格（Build Mesh）窗口，进行如图4-69所示的设置，完成后点击【OK】。

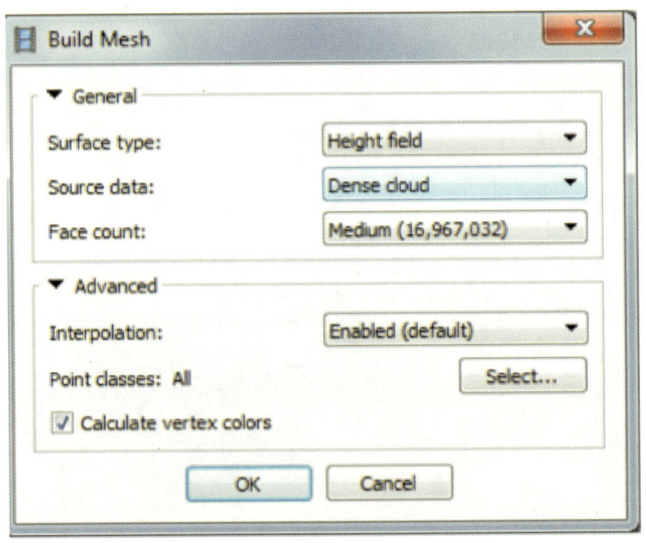

图4-69　Build Mesh 设置

（7）依次点击菜单栏上的【Workflow】【Build Texture】，打开生成纹理（Build Texture）窗口，进行如图4-70所示的设置，完成后点击【OK】。

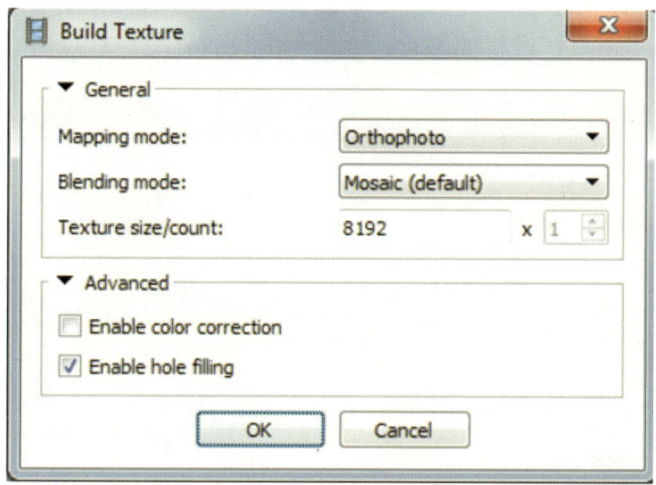

图 4-70 Build Texture 设置

（8）依次点击菜单栏上的【Workflow】【Build DEM】，打开生成数字高程模型（Build DEM）窗口，进行如图 4-71 所示的设置，完成后点击【OK】。

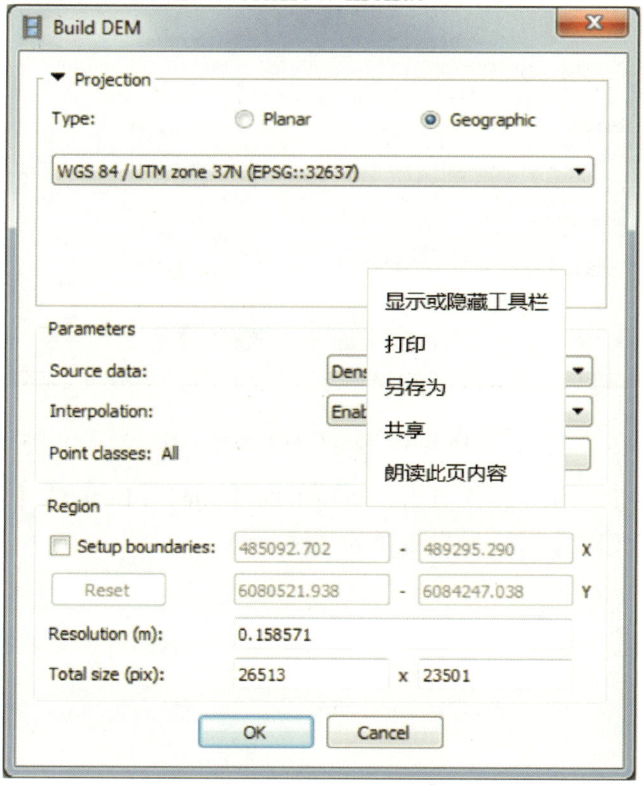

图 4-71 Build DEM 设置

（9）依次点击菜单栏上的【Workflow】【Build Orthomosaic】，打开生成正射影像（Build Orthomosaic）窗口，进行如图 4-72 所示的设置，完成后点击【OK】。

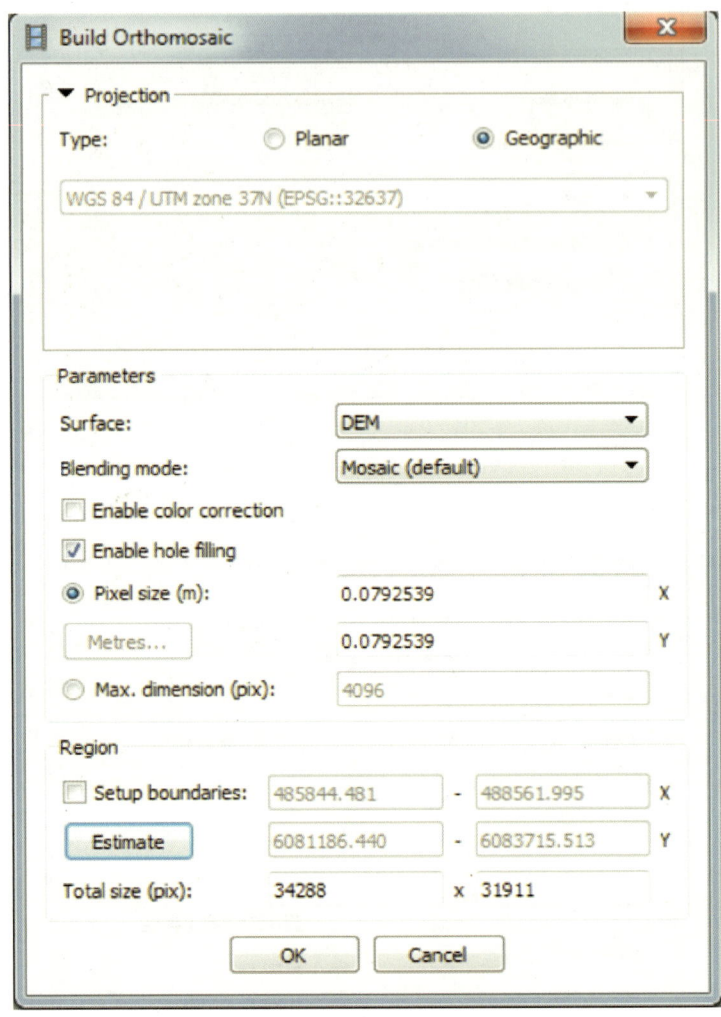

图 4-72　Build Orthomosaic 设置

（10）如图 4-73 所示，依次点击菜单栏上的【File】【Export】【Export Orthomosaic】【Export JPEG/TIFF/PNG...】，导出需要的文件。

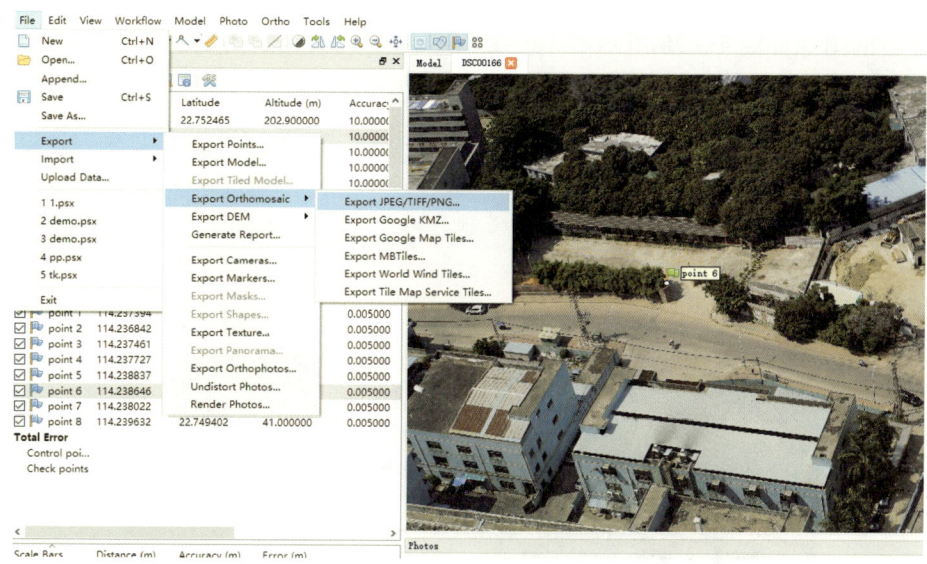

图 4-73　导出文件

## 四、DOM 可视化

（1）打开 PhotoScan 软件，如图 4-74 所示，依次点击菜单栏上的【File】【Export】【Export Orthomosaic】【Export Google KMZ...】，将生成的"kmz"文件导出。

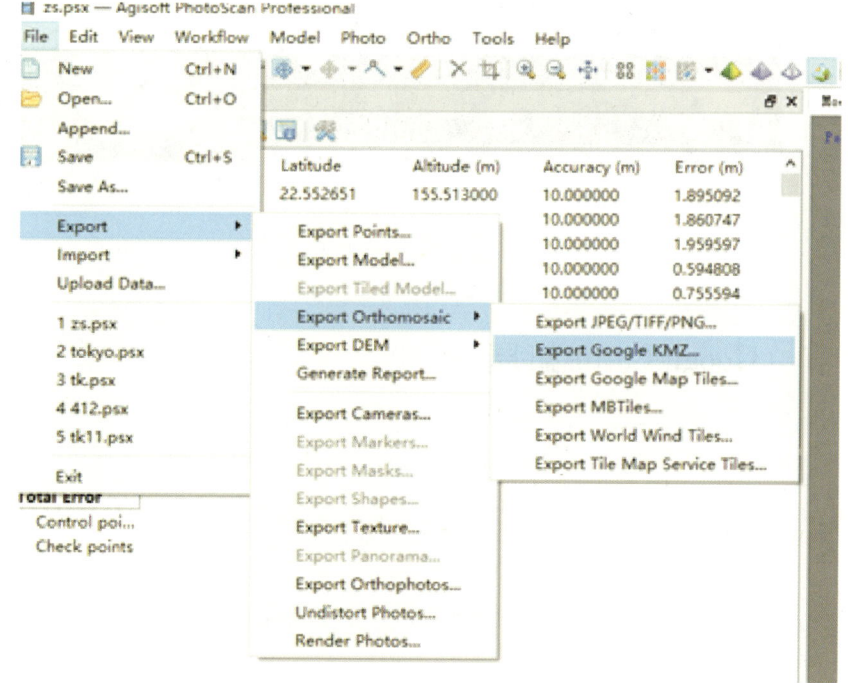

图 4-74　导出"kmz"文件

（2）如图4-75所示，将生成的"zs. kmz"文件用"Google Earth"打开，进行浏览，打开后的图像如图4-76所示。

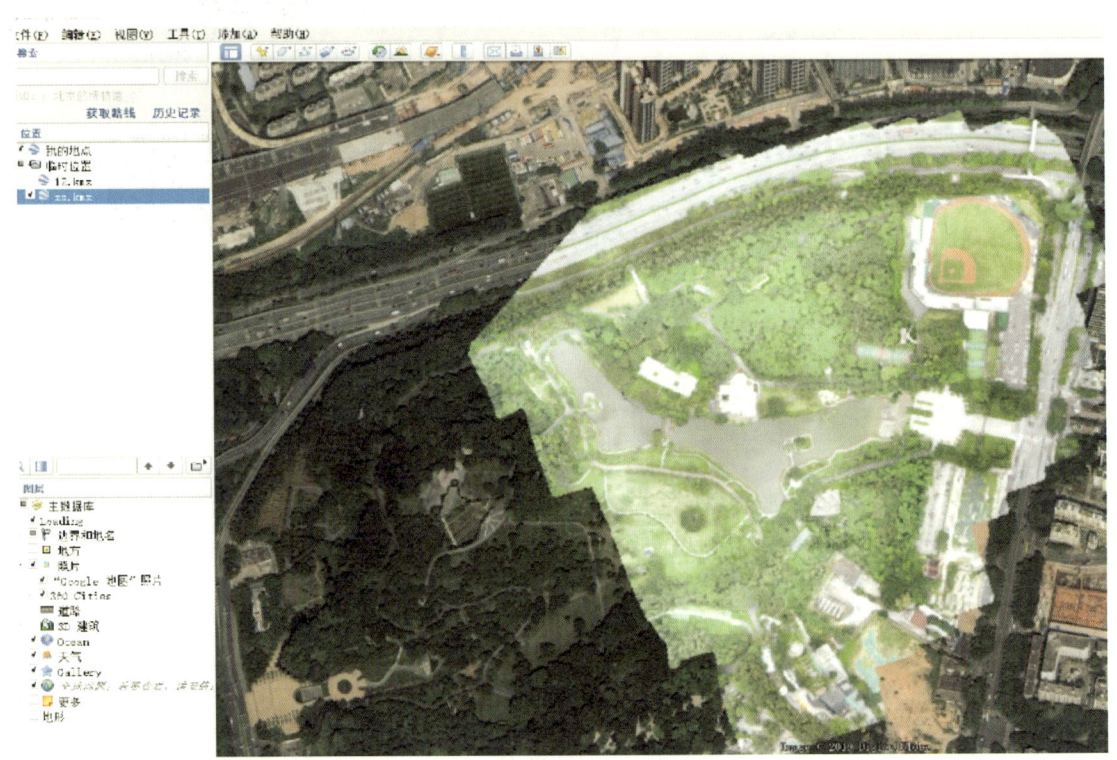

图4-75 打开"zs. kmz"文件

图4-76 打开后的图像

## 第七节　GoogleEarth 拓展

### 一、GoogleEarth 的鼠标操作

按住鼠标左键拖动可以控制界面的移动；按住鼠标滚轮拖动可以控制界面的旋转；上下滑动滚轮可以调节界面的缩放。

## 二、GoogleEarth 加载图片

（1）如图 4-77 所示，打开 GoogleEarth，找到中山公园。

图 4-77　打开 GoogleEarth

（2）如图 4-78 所示，依次点击菜单栏上的【添加】【地标】，打开"编辑地标"窗口。

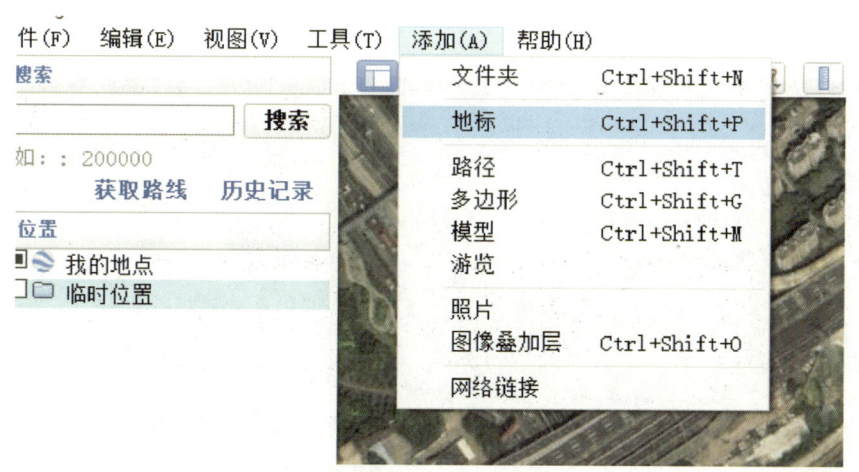

图 4-78　打开"编辑地标"窗口

（3）如图 4-79 所示，点击编辑地标窗口的【添加本地图片…】按钮，找到存放地标图片的文件夹，选择需要添加的图片，然后将地图上的十字光标移动到图片所在的地理位置，再点击【确定】即可。

中学生地理信息技术实用教程

图4-79 添加图片

（4）最终结果如图4-80所示。

图4-80 最终结果图